AF530964

La Masonería

Luís Miguel Martínez Otero

La Masonería

Historia, símbolos y misterios

Ediciones Obelisco

Si este libro le ha interesado y desea que le mantengamos informado de nuestras publicaciones, escríbanos indicándonos qué temas son de su interés (Astrología, Autoayuda, Ciencias Ocultas, Artes Marciales, Naturismo, Espiritualidad, Tradición...) y gustosamente le complaceremos.

Puede consultar nuestro catálogo en www.edicionesobelisco.com

Colección Estudios y Documentos
La Masonería
Luís Miguel Martínez Otero

1.ª edición: marzo de 2005
2.ª edición: abril de 2005

Maquetación: *Marta Rovira*
Diseño de cubierta: *Mònica Gil Rosón*

Edita: Ediciones Obelisco S.L.
Pere IV, 78 (Edif. Pedro IV) 3.ª planta 5.ª puerta.
08005 Barcelona-España
Tel. 93 309 85 25 - Fax 93 309 85 23
Castillo, 540 -1414 Buenos Aires (Argentina)
Tel y Fax 541 14 771 43 82
E-mail: obelisco@edicionesobelisco.com

ISBN: 84-9777-180-X
Depósito Legal: B-17.503-2005

Printed in Spain

Impreso en España en los talleres gráficos de Romanyà Valls S.A.
Verdaguer, 1 – 08076 Capellades (Barcelona)

A Laura

Introducción

Al margen de un origen legendario de pie forzado, dotándose de filiación desde *in illo tempore* a través de antiguas civilizaciones, advenidos al ayer sin madre ni padre como no sean de Bizancio, a remolque de los *collegia fabrorum* de la Roma Imperial, con los que hay afinidad pero no filiación directa, y tanto en su unidad como en su diversidad, la Masonería tradicional, que contemplamos desde el respeto y la admiración, plantea una tabla de cuestiones que queremos abordar.

Con esto de Masonería nos referimos a un cuerpo manual y operativo, obrero, que maneja a pie de obra el plano de construcción, la escuadra y el compás, el cincel y la maza; y nos referimos no menos, con el mismo carácter *operativo*, a la práctica orientada del rito y del símbolo.

Surgen de la firme rumia de los misterios de su historia; del incesante volcarse meditativo sobre los instrumentos de los deberes.

El criterio al que sobre todo nos querríamos acoger es el de la regularidad inglesa, extremadamente cuidadosa en estos terrenos. La Gran Logia Unida de Inglaterra publica a este efecto, hasta la actualidad, los siguiente principios básicos:[1] regularidad de origen y constitución; creencia en el Gran Arquitecto del Universo; el uso del Volumen de la Sagrada Ley (Biblia, etc.); exclusividad de varones, y sin conexión alguna con otros cuerpos mixtos o irregulares; ejercicio jurisdiccional único y soberano de la respectiva Gran Logia sobre los grados del oficio; presencia fundamental de las *«tres grandes luminarias»* [el libro, la escuadra y el compás]; prohibición de controversias de carácter político o religioso; y por útlimo la observancia de los antiguos *landmarks*. Todo ello lo iremos viendo poco a poco.

Entre las cuestiones, nos parece fundamental la de su condición iniciática. Qué debemos entender por ello, de dónde se deduce su legitimidad, con qué criterios debemos aproximarnos a este tema. Es cuestión de la existencia en los gremios de ceremonias[2] de iniciación, cuyo carácter artesanal transcendiera hasta tocar la ontología. Hay indicios, epigrafía, monumentos y algunos documentos que parecen avalarlo. Hay emblemas especiales en algunas estatuas, pinturas y edificios de la Edad Media, que ahora repiten y practican los masones. Hay determinados usos y costumbres, fiestas más o menos ritualizadas... y tenemos al simbolismo mismo atravesando las épocas. Si a veces se decide en juicio por pruebas circunstanciales, y, en último término, por la íntima convicción, ello sobra para quienes sostienen su

1. cfr. Los *Basic Principles for Grand Lodge Recognition*, que publica la United Grand Lodge of England, son recogidos en el importante trabajo de Harry Carr, *TheFreemason at Work*, ed. Lewis Masonic, 1992 (7ª edición), p. 222.
2. Seguramente del latín *cœreris munus*, ofrenda a Ceres.

capacidad iniciática, aun si esta confianza, ante la falta de pruebas fehacientes que inspiren al medievalista (que por otra parte no se apasiona precisamente por este tema concreto), no persuade.

Intentaremos ver sobre qué nivel actuaría la iniciación masónica: el espíritu, el psiquismo, la imaginación, la experiencia... esto es, si se trata de un nivel fenoménico o bien uno ontológico. La transformación radical de la persona como fruto, el vivir un nuevo nacimiento, no sería criterio despreciable.

Singular e insoslayable problema es el de su transformación a principios del siglo XVIII, de operativa a puramente especulativa, inmediatamente con mayoría de miembros *aceptados*. Un problema son también sus subsiguientes mudas en obediencias bien dispares, cada una pretendiendo la *regularidad*, con adscripción de Altos Grados que se superponen a los tres característicos y, por tanto, con inclusión de tradiciones ajenas provenientes de órdenes caballerescas, herméticas, templarias, cabalísticas, teúrgicas, etc.

La naturaleza del símbolo masónico también plantea la dificultad de un cierto particularismo. Siendo el de los instrumentos de trabajo de la construcción, son símbolos propiamente masónicos, *id est*, para masones. Pero el símbolo no proviene de abajo hacia arriba, sino siempre de lo Alto, caracterizando su universalidad.

También la cuestión más moderna –que se pretende tan personal de cada uno como ajena al Orden en sí mismo– de la libre opción por el materialismo, el agnosticismo y el ateísmo, que vemos en las obediencias numéricamente más importantes del Continente. Pues aun si concediéramos a la

Masonería un valor «sacramental» que no tiene, y por tanto un actuar sobre el individuo al margen del individuo (acción *ex opere operato*[3]), subsistiría necesaria la condición mínima de que el individuo no opusiera su integridad ontológica, remitiendo el sacramento a lo execrable. Pecado contra el Espíritu.

En realidad, la acción *gratis data* del bautismo cristiano, que no diferencia entre partos, medos, elamitas, pobladores de Judea y de Mesopotamia, Ponto y Asia, Frigia y Pamfilia, Egipto, Libia y Cirene, cretenses y árabes… debiera sugerirnos la posibilidad de otras iniciaciones más limitadas, «laicas», aunque, dando la vuelta a la tortilla, se pretende afirmar éstas y negar aquélla.

Naciendo la Masonería en Occidente, sobrevolando los cismas y amputaciones que lo sacudieron, más que en el mito no puede sino hundir raíces en el cristianismo. Coincidimos con Wilmshurt cuando dice: «*la fraternidad original de la Iglesia cristiana incluía una secuencia de tres ritos iniciáticos. Los que se cualificaban en ellos se llamaban respectivamente: catecúmenos, fieles* (Leiturgoi) *y sacerdotes o presbíteros; quienes a su vez son identificables con nuestros Aprendices aceptados, Compañeros de oficio, y Maestros masones*»[4]. No acaba con ello el símil: más adelante, en algún lugar,

---

3. Como el sacramento actúa sobre la persona al margen de su nivel de conciencia.
4. «*The original membership of the Christian Church involved a sequence of three initiatory rites. The name given to those who had qualified in those rites were respectively Catechumens, Leiturgoi and Priest or Presbyters: which in turn are identifiable with our Entered Apprentices, Fellof Craft, and Masters masons*». cfr. *The meaning of Masonry*, Gramercy Books, Nueva York 1980 (reprint of the 5th ed.1927).

identificará la iniciación del Aprendiz con el bautismo (renacimiento, regeneración), la iniciación del Compañero con la confirmación, y la del Maestro masón con la eucaristía.

En realidad, lo único que ponemos en duda es su capacidad *sacramental*. Ésta exige el aporte de una gracia transcendente, totalmente gratuita. En cambio, la masonería es un agudísimo símbolo del hombre. Si éste es complejo, la masonería también. Si tuviéramos que definir sus grados en una sola palabra, diríamos que el Aprendiz es el hombre natural, la piedra bruta. Para acceder al grado siguiente deberá enderezar su situación: el Compañero es el hombre intelectual, la piedra tallada. Accederá a la maestría cuando su intelecto se abra a lo alto. Y el Maestro es el hombre espiritual, corona el cubo con la pirámide, camina hacia la piedra filosofal y el icosaedro. Su camino no concluye. El resto son añadidos…

Capítulo I

Constructores medievales

La Masonería rumia y masca de continuo el símbolo de la construcción. Con tal ocupación, un día sin fecha elevó vuelo centrándose simbólicamente en la Casa de Santidad, el *beit hamiqdash* o Templo de Jerusalén.

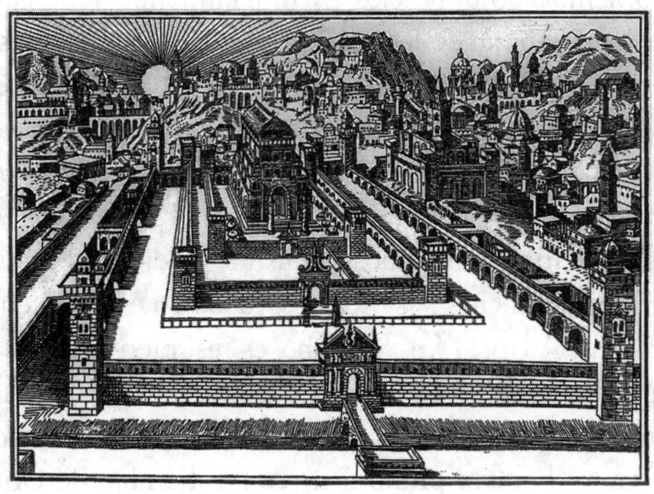

El templo de Jerusalén

Es la morada del Dios-Uno, que el masón contempla en los divinos atributos de arquitecto, cosmocrátor y cronocrátor. Es, además, la sede de la *vecindad* entre su pueblo; sede electa de su *shekináh*. La leyenda talmúdica dice que se dio muerte a cuantos artesanos trabajaron en la obra. En efecto, ésta acabada, la maestría de su oficio artesanal y constructor los llevaría irremediablemente a erigir otros templos en otros lugares. Ajenos al de Jerusalén, no podían estar dedicados sino a *dioses extranjeros*. No hay mayor pecado que incurrir en *avodáh zaráh*, y un tratado talmúdico, *Avodáh Zaráh* o «trabajos extraños»[5], expresión sinónimo de idolatría, se ocupa ampliamente de estos temas.

Esta leyenda de un templo único suscita el trabajo de erección del que es auténtico y uno, el del Espíritu en el hombre, cuya elevación es más importante que la de cualquier edificio importante. A lo que el masón se debe.

No hemos ido muy lejos encumbrándonos hasta la construcción del Templo de Jerusalén, ahora hace más de 26 siglos. Anderson, autor de las Constituciones de 1723, remonta el origen de la Masonería al mismo Adán, *que enseñaba la geometría a sus hijos* (sobre todo del lado de Caín). Todo el mundo quiere ganar en anterioridad. También pretende el Profeta que Adán era musulmán, y, si hacemos lo mismo, predicaremos que era cristiano, pues anchas sus espaldas. Todo ello es cierto en ciernes. El gran Adán, al fin y al cabo, es resumen perfecto de la figura humana en su resolución edénica, preternatural, inviolada, modelo para el famoso *Adán Qadmón*, que, en hebreo, significa tanto «hombre primordial», como «hombre de Oriente».

Desde Adán o desde antes… Y como si existiera un cuño en pleno trabajo, como si desde entonces una Masonería estuviera en oculta gestación, habría pasado a Noé, a

5. Del Orden Nezikín, cuarto del Talmud Bablí (de Babilonia).

los egipcios, a los hebreos, a los griegos, a los romanos y últimamente a los sajones...

Desde Adán hasta hoy, inevitablemente se habrán producido dramáticos cambios, masónicas metamorfosis que afectaron en su devenir a los constructores, carpinteros, canteros y otros talladores de piedra, que levantaron las catedrales, parroquias, castillos, fortificaciones y puentes. Podríamos acercarnos en el tiempo y acechar como podencos ese apetito constructor de la Orden de San Benito. Sus monjes se arremangaron, los conversos sobre todo, y, liberando a los laicos de la servidumbre de la gleba, pusieron en sus manos la maza y el cincel. En tres siglos –luego del VIII– llenaron Europa de un blanco manto de catedrales. Un monje borgoñés escribía:

> era como si el mundo se hubiera sacudido sus viejos harapos para revestirse de un blanco manto de iglesias. Por entonces los fieles no sólo reconstruyeron casi todas las catedrales, sino también los monasterios, y hasta las pequeñas iglesias de los pueblos.[6]

Aquellos monjes fueron los auténticos precursores de la mejor Masonería, incluida la especulativa, repitiendo en la cantera, que sacralizaban, lo que la Regla monástica prescribía para la clausura: «El monasterio –dice San Benito, Patriarca de los

---

6. *«C'était comme si le monde entier eût secoué ses vieux haillons pour se revêtir d'un blanc manteau d'églises. Alors les fidèles reconstruisirent presque toutes les cathédrales, mais aussi les monastères et même les petites églises des villages»* . Raoul Glaber, monje de Cluny, en sus *"Histories"*, refiriéndose a los primeros años del siglo XI.

monjes de Occidente– es el taller en el que el monje ejercita su arte espiritual». Porque lo mismo cabría decir de la cantera.

En algún sitio tuvieron que aprender. Ahora bien, los únicos albañiles profesionales en las puertas de la Edad Media, eran los que venían de Bizancio. Allí el arte proseguía su admirable desarrollo, y aquende «muy pronto se elaboró un arte cristiano de Occidente, entre titubeos e inevitables torpezas; iglesias merovingias, pobres de estructura pero de suntuosa decoración, basílicas ostrogodas de Ravena, deslumbrantes de mosaicos. El «renacimiento» carolingio, intentando ordenar todo este esfuerzo, había prefigurado, por un tiempo, las grandes realizaciones futuras, devolviendo el arte a su lugar en la primera fila de las actividades humanas»[7]. De este modo fue Bizancio quien enseñó a los monjes las reglas de la construcción. Llovía sobre mojado: las abadías conservaban textos de la antigüedad alejandrina y griega, y conocían la mística pitagórica de los números y proporciones. Y los monjes, entregados al *Opus Dei* y a la *Lectio Divina,* y con ello faltos de tiempo, enseñaron los fundamentos recibidos a los artesanos locales y a los siervos que ellos mismos dirigían en la construcción. «Iletrado y falto de educación, el albañil primitivo procedía del campesinado, donde se le fue a buscar no por su talento, sino por su fuerza»[8]. Ante tal apetito constructor, pronto veremos cómo mejoró su situación, su importancia en la obra, y la importancia de la obra misma. La catedral, la más bella expresión del pensamiento…

---

7. Daniel Rops, *L'Eglise de la Cathédrale et de la Croisade,* Ed. Librairie Fayard, París 1952.
8. cfr. David Jacobs, *Los contructores de catedrales de la Edad Media,* ed. Timun Mas, Barcelona 1974.

La construcción arranca verdaderamente en la época románica hacia el año 1000, con el estilo románico, que se desarrolló durante 200 años. Los medievalistas sostienen que al final de la alta medievalidad se podía contar una iglesia por cada 200 habitantes. Si extrapolamos y echamos cuentas, la fronteriza villa de Irún tendría que tener ahora unas 150 iglesias, en lugar de las 3 o 4 que contamos. Cuando la construcción va bien, la economía va bien. La de aquellos siglos debió ser fantástica. Entre los siglos VIII y XI se agruparon canteros, carpinteros y otros artesanos, pronto maestros de obra, consagrados a producir ese «blanco manto de catedrales», de modo que entre 1050 y 1350 se edifican en Francia 80 catedrales, 500 grandes iglesias y abadías, y largo más de 10.000 parroquias.

Hasta mediados del siglo XII, el arte fue sobre todo monástico. Por entonces se empezaban ya a constituir los gremios (tejedores, zapateros, herreros, guarnicioneros, carpinteros, etc.) tal como los conoce el medievalista. Los peones cortaban y colocaban la piedra; los entalladores trabajaban en piedra dura (mármol, alabastro) y tallaban bajorrelieves; los canteros tallaban la piedra blanda para puertas, ventanas y junturas, operando a menudo en el interior de la logia.

Obreros trabajando

Utilizaban la catedral para sus reuniones, festivales civiles, asambleas, etc. Las capillas se convertían en aulas y la nave, a menudo, se utilizaba como teatro. Una esplendorosa vida intelectual que florecía...

En cuanto a los maestros albañiles, estaban como quien dice en su propio terreno. Junto a la obra y adosada instalaban un cobertizo para guardar los instrumentos de trabajo, comer, recibir, dormir, desbastar piedras, etc., y también donde reunirse. Se denominaban logias, esto es, un aposento. Pronto pasó el concepto a personificar a la cofradía misma o al gremio de constructores, que, de este modo, fue llamada, por ejemplo, la logia del santo patrono de tal lugar concreto. El gótico, con todas sus complejidades e innovaciones técnicas, privilegiando la luz, elevó las dimensiones del templo hasta extremos límites, y los albañiles se hicieron arquitectos en el sentido moderno. Los canteros se reservaron sus secretos del oficio, y así el resto. Hoy no se sabe reproducir el incomparable resplandor de los vitrales góticos. «Cuando se visita la techumbre de Nôtre-Dame de París se constata que la parte antigua del techado tiene vigas mucho más finas que la parte moderna, y que, además, las colocadas por Viollet-le-Duc [en el XIX] están ya atacadas por los insectos, mientras que las del s. XIII se encuentran intactas. ¿Qué procedimiento de conservación habían utilizado?» [9].

Su importancia crecía. La asociación de masones libres estaba compuesta de maestros, compañeros y aprendices, y formaba una jurisdicción particular e independiente de otros cuerpos. Para entrar en la cofradía, como para pasar de un grado a otro, había que ser presentado por un maestro que

---

9. Daniel Rops, op. cit.

servía de padrino del recipiendario, que respondía de su capacidad y buenas costumbres. Antes de pasar la maestría, el Compañero debía probar que había ejercido el compañonaje, al menos durante cinco años. Adquirieron y tenían usos y costumbre privativos, franquicias, capas o vestiduras propias del gremio, y un lenguaje o modo particular de reconocerse. Con la autoestima crece el respeto por el propio trabajo, donde cada acto y cada piedra contaba,[10] y mientras, entra en la logia la comprensión del simbolismo en el que se empapa su hacer. Cuando se dieron cuenta de su importancia, los maestros usaron vistosos atavíos y capas de brillantes colores, se dejaron el pelo largo y la barba crecida. Dando la vuelta a la tortilla supieron imponerse a la autoridad eclesiástica, y se invirtieron las relaciones al uso entre obispo y constructor. Vinieron a ser, *mutatis mutandis,* del orden de las actuales entre arquitecto y cliente. Surgieron luego, como naturalmente, las ceremonias de recepción a los grados de Aprendiz y Compañero, y con ello la transmisión del simbolismo de los instrumentos del oficio, de los de carácter religioso y otros. La fama de los principales maestros masones no conocía fronteras, y perdura hasta nuestros días. El epita-

---

10. David Jacobs, op.cit., indica que «el peor error que podía cometer un cantero, era estropear una piedra durante la construcción, una vez ésta aprobada. Como cada piedra se cortaba para que encajara en un lugar preciso, no se podía continuar la obra hasta que se cortase otra que la remplazase. Se multaba al cantero culpable, a veces se formaba una procesión desde donde se había malogrado la piedra, se la cubría de negro, y, vestido con capa negra, el cantero culpable iba detrás de las andas, entonando cantos fúnebres mientras la piedra era conducida al osario o cementerio. Allí era enterrada. Se volvía a la logia y se azotaba al culpable. Este repetía su trabajo, y si ahora la hacía bien, se le perdonaba todo».

fio de Pierre de Montereau, maestro del nuevo Saint-Denis y de la Capilla de Saint-Germain-en-Laye, que se encontró durante largo tiempo en Saint-Germain-des-Prés, lo califica de *doctor lathomorum*, «doctor de los canteros». Y así con otros.

Según la importancia relativa, las logias comenzaron a recibir la visita de maestros de otros lugares, de modo que pronto comenzaron a relacionarse y federarse. En tiempos de las Cruzadas, a finales del siglo X, las de Estrasburgo, Colonia, Berna y Viena se confederan en la unidad llamada *Bauhütte*. La de Estrasburgo era la dominante, y a su cabeza (y cabeza de toda la famosa confederación) estaba el maestro de obras de su catedral. La masonería estaba ya constituida.

El inglés *mason*, francés *maçon*, deriva de una de las familias de la raíz europea **mac-**, **mag-**, que en griego dio *massó* (μασσω), amasar; en latín *macerare*, macerar; en germánico *makôn*, hacer, y *makyo*, latinizado en *macchio*, macho, obrero; en inglés *make*, hacer, y en alemán *machen*, construir. Tanto más interesante que estas derivaciones y etimologías es el castellano *albañil* (francés *maçon*), del árabe *al-banní*, de *banâ*, edificar, siendo *bannâ* el constructor,[11] todo ello de la misma raíz que el hebreo *bann'ai*, de la raíz *bnh*, construir, edificar, fundar, establecer, etc. Igualmente da lugar al término *ben*, pues no hay construcción más importante que la del propio hijo (*ben*), o la de sí mismo señalando al patronímico (*fulano* **ben**-*zutano* ben-...). El término *albañil* es, así, más parlante que el de *mason* o *maçon*; si bien, para esto de lo que ahora hablamos, hemos recibido el continente de *masonería*, y no el de *albañilería*.

11. cfr. *Diccionario crítico etimológico castellano e hispánico*, de Joan Corominas.

Este masón concreto, cantero, va a trabajar la piedra «franca» (*free-stone*) de las canteras de su lugar, es decir, blanda, piedra de talla, de adorno, en oposición a la más dura o *hardsetone*, distinguiendo así, del picapedrero, al *free-stone-mason*, al *sculptor lapidum liberorum* de la medievalidad, viniendo de esta designación la abreviatura de *francmason*.

Estando ante un concepto que concita concurrencia de significados, la interpretación habitual es igualmente válida. En efecto, el maestro albañil (como ya hemos dicho) se liberó de la férula y tutela del obispo o abad a cuyas órdenes antes trabajaba. Es él ahora el maestro de la obra, y aquellos tienen que someterse a su juicio técnico; y es él quien propone la solución técnica y el ornamento apropiado, en vista a los hallazgos en otras canteras o en las obras de los diferentes burgos y ciudades que visita, de logia en logia, en sus desplazamientos. Son libres, demandan y obtienen sus franquicias aun si fuera por fuerza mayor. Son verdaderamente *free-masons.*

Cierto que el concepto de *franco,* próximo al de *franquicia,* nos acerca a la idea de un trabajo protegido en un marco de compromiso, de libertad artesanal, de derechos y deberes, de usos y costumbres, de creencias... y así fue, pues todo ello constituyen los inmutables *landmarks* o *reglas de conducta* que todo masón está obligado a transmitir, los *límites* que no debe traspasar; y son las *Old Charges* (los Antiguos Deberes) que igualmente marcan los privilegios recibidos.

Nos encontramos ante canteros o masones operativos, creyentes piadosos, católicos romanos en una Edad Media traspasada de fe cristiana. El gremio contaba con aprendices, compañeros y maestros. Se pasaba de la primera clase a la segunda por el transcurso del tiempo (unos 5 años), durante los cuales quedaba vinculado a la cofradía y a su maestro. Debía ser probado técnica y moralmente, pues la educación tendía a ser integral, y, ya desde aquel ayer, estaba viva la idea del propósito último de construir el templo interior. El compañero –segundo grado– continuaba con sus propios deberes a la sombra del Maestro, a quien a veces igualaba en destreza y teoría. Y en los grandes proyectos que precisaban el concurso de varias agrupaciones o logias de distintos lugares, a veces suplían, aun sin legitimidad, a su propio maestro constructor. En esta realidad encontramos el origen de las diversas contraseñas o palabras de paso, como si se diera la circunstancia, en la misma obra, de dos maestros que no se conocieran.

El de Maestro era grado supremo, docto sobre todo en geometría, en la la utilización de la escuadra y el compás, del círculo, del cuadrado y del triángulo, de la aritmética, etc., iniciado en el símbolo, y capacitado además para la enseñanza.

Lo que nos lleva recto al documento *Regius*, de 1390, y a la leyenda de los *Los Cuatro Coronados*.

El manuscrito Regius

Cuatro mártires

Encontramos a los *Quatuor Coronati* o Cuatro Mártires Coronados (santos patronos de los canteros y hoy, con los dos sanjuanes, de toda la Masonería) en el poema *Regius* de 1390 que, bajo el título de *Hic incipiunt Artis Geometria*, empieza con una invocación a la Santísima Trinidad y a la *gloriosa Virgen María, siempre nuestra abogada.*

Ello, cual concertino, nos da ya el tono justo propio de la medievalidad. El manuscrito trata de los *Estatutos del Arte de la Geometría según Euclides,* cuyo texto es el más identificativo de los *Olds Charges* o «Antiguos Deberes»[12].

Se inicia el documento diciendo que el honrado oficio de masón fue constituido y creado gracias a la buena geometría, y puesto a punto por los letrados («clercs»: *counterfeited of these clerks together*). De este modo, decididos a practicar el más honesto de los oficios, se creó, sobre el modelo de la geometría, el arte llamado masonería. Se ordenó que el más dotado instruyera al que lo fuera menos, y se amaran todos como hermanos. Se ordenó que el más avanzado fuera llamado Maestro, si bien en verdad eran todos Compañeros. Así fue como Euclides inventó el arte de la geometría en las riberas del Nilo, enseñando en todo Egipto y en diversos países. Pasaron numerosos años, hasta que el arte llegó a Inglaterra en tiempos del buen rey Athelstan (o Adelstonus –rey sajón, 925/939)...

Manuscrito Regius

12. «Un poema de deberes morales». En efecto, en su catálogo de los manuscritos de la Old Royal Library, de David Casley, describe el Regius como *A Poem of Moral Duties: here entitled Constitutiones Artis Gemetrie secundem Euclidem –Who wol bothe wel rede and loke.*

El *Regius* consta de las siguientes partes:

1. Fundación de la Masonería por Euclides en Egipto;
2. Introducción de la Masonería en Inglaterra bajo el reinado de Adelstonus;
3. Los Deberes: 15 artículos, 15 puntos y «otra disposición sobre el oficio de la geometría»;
4. Relato de los Cuatro Coronados;
5. Relato de la Torre de Babel;
6. Las siete artes liberales;
7. Exhortación sobre la Misa y como conducirse en la iglesia;
8. Instrucción sobre las buenas maneras.[13]

Destacaremos lo más importante, en el bien entendido que el resto contiene instrucciones éticas, morales (algunos usos) y religiosas.

---

13. El contenido de artículos y puntos se resume en lo siguiente: ser leal y sincero (art. 1.º); presentarse en las asambleas que se convoquen, salvo enfermedad (art. 2.º); no tomar aprendices salvo seguridad de poder instruirlos 7 años (art. 3.º); el salario del aprendiz será inferior (art. 6.º); contratar personas hábiles, y no negligentes (art. 8.º); el maestro debe emprender las obras que puede acabar (art. 9.º); en el oficio, un maestro no deberá desplazar a otro, a menos que el trabajo se vea comprometido (art. 10.º); no se trabajará de noche (art 11.º); el masón debe saber dar muestras de probidad (art.12.º); el maestro debe instruir al aprendiz de una forma completa (art. 13.º); no contratará aprendices salvo que pueda garantizarles el trabajo; ningún maestro se apoyará en un equipo deshonesto, ni de pecadores, etc., sino que se preocupará por la salvación de su alma (art. 15.º). En cuanto a los 15 puntos, son básicamente de carácter moral: amar a Dios, a la Iglesia, no acostarse con la mujer del maestro, ni con la de un compañero, ser leal con el maestro, etc.

El artículo 4.º ordena no tomar a ningún siervo como aprendiz, ya que, ligados como están a su señor, éste podría venir a buscarlos donde estuvieran. El artículo 5.º, que ningún aprendiz sea deforme o contrahecho, pues sería vergüenza para el oficio contratar a un lisiado, cojo o persona de sangre impura. El artículo 7.º ordena no recibir a persona de mala reputación, ladrón o asesino, etc. En contra de lo que parece, se trata de disposiciones muy parecidas a las condiciones dirimentes[14] que impiden, en religión, la profesión en las Ordenes.

Entre los 15 puntos de que consta, el tercero establece que el aprendiz debe guardar en secreto cuanto disponga el Maestro y cuanto se haya deliberado en logia. El cuarto, que no debe traicionar el oficio. El séptimo, y para conseguir de Dios una larga vida, prescribe claramente no acostarse con la mujer del maestro, ni con la de un compañero, ni con su concubina, como tampoco se quisiera que lo hicieran con uno. El duodécimo, que las decisiones tomadas en asamblea se aplicarán sin excepción a cuantos practiquen tan hermoso oficio. Y el decimocuarto, la obligación de prestar juramento al maestro y a los compañeros, así como jurar los diversos puntos previamente relacionados.

La *Otra disposición sobre el oficio de la Geometría* ordena que las asambleas serán una vez al año en el reino, donde se quiera, para corregir los defectos del arte. Todos los que tengan conocimiento del oficio, prestarán el juramento de res-

---

14. Lo difícil sería el baremo contrario, que revelara la cualificación actual real de cualquier candidato.

petar estos reglamentos establecidos por Athelstan: *los estatutos aquí consignados se aplicarán en todo mi reino, por el bien de mi corona que detengo por mi ministerio.*

El *Arte de los Cuatro Coronados*[15] relata lo siguiente: siendo obreros de élite, agradaron al emperador, que les ordenó esculpir su retrato para ser adorado. A lo que se opusieron, pagando precio de sangre. Continúa diciendo cómo después de Babel y de la confusión de lenguas, Euclides enseñó el arte de la geometría, así como diversas artes y oficios, y fundó las siete ciencias cuyo uso conduce al cielo. A saber:

> Gramática es la primera
> Dialéctica, por Dios, es la segunda
> Retórica, no hay duda, es la tercera
> Música es la cuarta, ya os lo digo
> Astronomía, por mis barbas, es la quinta
> Aritmética es la sexta
> Geometría cierra la lista, siendo humilde y servicial.

---

15. Claudio, Simproniano, Castorio y Nicóstrato. Según otras fuentes, Corpóforo, Victoriano, Severo y Severiano. Fueron mártires en el 306 de nuestra Era, bajo el emperador Diocleciano, por haberse negado a esculpir una estatua a una divinidad pagana. Eran constructores y murieron para no adjurar de la fe católica que aquellos gremios compartían. Los canteros de Estraburgo prestaban juramento por el Padre, el Hijo, el Espíritu santo, la Madre de Dios y los Cuatro Coronados. Los Estatutos de Ratisbona de 1559 comienzan de modo similar: «En el nombre del Padre, del Hijo, del Espíritu Santo, de la bienaventurada Virgen María, así como de sus Bienaventurados Siervos, los Cuatro Santos Coronados, a su memoria eterna». Su fiesta –dice el *Regius*– se celebra en la octava de la festividad de Todos los Santos.

Se sigue larga y bellamente el comportamiento que debe guardarse en la iglesia, y lo mismo en la vida pública.

El *Regius* es un documento impresionante e importante bajo cualquier punto de vista. Por lo que se refiere al oficio de la construcción (al margen de los aspectos técnicos, para los que podríamos acudir al maestro constructor y excelente dibujante Villard de Honnecourt, que en el s. XIII nos dejó diversos planos de obra), proyecta de modo pormenorizado los estatutos de una logia de constructores en toda su amplitud. Integra las reglas de conducta y los deberes a cumplir (que también son definitorios), analiza las funciones de los miembros, privilegia continuamente a los aprendices, no deja de lado ni la filosofía del oficio de la construcción, ni detalle alguno. Hace remontar la orden al menos hasta Euclides, poniendo así de relieve la geometría básica en la construcción.

A pesar de que también fue considerada una secta con doctrinas muy rígidas y con muchos secretos, se debe además a los pitagóricos el perfeccionamiento del álgebra y de la aritmética, la clasificación de los poliedros regulares, el teorema de Pitágoras y su corolario, la inconmensurabilidad de la diagonal y del lado de un cuadrado, la doctrina de la «armonía de las esferas», y trataron de definir a los números perfectos (que son iguales a la suma de sus divisores), idearon una teoría del universo, etc.

Sin embargo, no hay en el Regius una declaración cierta del carácter iniciático de la Orden y, si podemos hablar de «huellas», son las ya señaladas: esas condiciones dirimentes, etc., así como, de modo indirecto pero muy sugestivo, ese primer plano en el que el documento sitúa siempre al aprendiz. En efecto, la iniciación del aprendiz es la fundamental, y la que contendría la virtualidad necesaria para los demás grados...

Una historia para aprendices

En el momento de recepción del Aprendiz, un ritual suizo relata la siguiente historia:

> En los tiempos de las primeras Cruzadas, varios Caballeros se coaligaron bajo la dirección del piadoso General que los conducía para conquistar a los sarracenos Palestina y los santos Lugares, con el propósito de reconstruir el templo del señor. Y formaron una asociación bajo el nombre de Masones libres, y bajo la advocación de San Juan de Jerusalén. Conjuntamente con los Caballeros Hospitalarios, conocidos hoy bajo el nombre de Caballeros de Malta, como la cantidad de los que venían a enrolarse crecía cada día, nuestros sabios fundadores resolvieron no admitir a nadie, sino tras una elección escrupulosa, un examen de las personas, una prueba de su constancia y de su vocación, de modo que, tras las iniciaciones simbólicas de las que conservamos todavía el ceremonial, dichas condiciones, lejos de amortiguar su celo, no hagan sino aumentar el número, y para que los hermanos puedan reconocerse entre sí en el seno de la multitud, y distinguirse de los sarracenos y de los infieles con los que vivían diariamente confundidos, imaginaron Signos y Palabras, de los que conservamos el uso. Nuestros

hermanos se han extendido por diferentes Reinos, han hecho considerables progresos, particularmente en Inglaterra donde han gozado de grandes privilegios bajo Guillermo III y los Reyes sus predecesores, tal como de ello dan fe las Cartas de los Parlamentos. Nuestra arcana ciencia pasó de allí a Francia y a Berlín, donde ha florecido y florece todavía bajo la más dulce dominación y a la sombra de las brillantes coronas de los Monarcas más poderosos. Sólo un secreto inviolable podrá conservar nuestros misterios en toda su pureza. Y os invito a ello, hermano nuevo venido, como el más esencial de vuestros deberes. Y he aquí lo que es permitido deciros por ahora sobre nuestro origen y sobre nuestra Institución. El hermano orador va a instruiros sobre nuestras prácticas, explicándoos el Cuadro que tenéis ante los ojos...

Discurso prudente y más que moderado, pues no hace remontar la institución más allá de los mil años. Introduce un cierto orden en el magma de las más inverosímiles leyendas. *Ordo ab chaos*, que es la divisa del Supremo Consejo del REAA. En efecto, es hora de aceptar las evidencias. Lo hace Wilmshurst cuando dice:

... todo lo que deseo subrayar ahora es que nuestro actual sistema [la Masonería actual] no proviene de la remota antigüedad. No hay continuidad directa entre nosotros y los egipcios, ni tampoco con los antiguos hebreos, que construyeron un cierto Templo de Jerusalén durante el reino de Salomón. Lo extraordinariamente antiguo en la Masonería es la doctrina espiritual concebida dentro de la terminología de la construcción, ya que esta doctrina es una forma elemental de la que ha sido enseñada en todo tiempo, no importa el modo como haya sido expresada.[16]

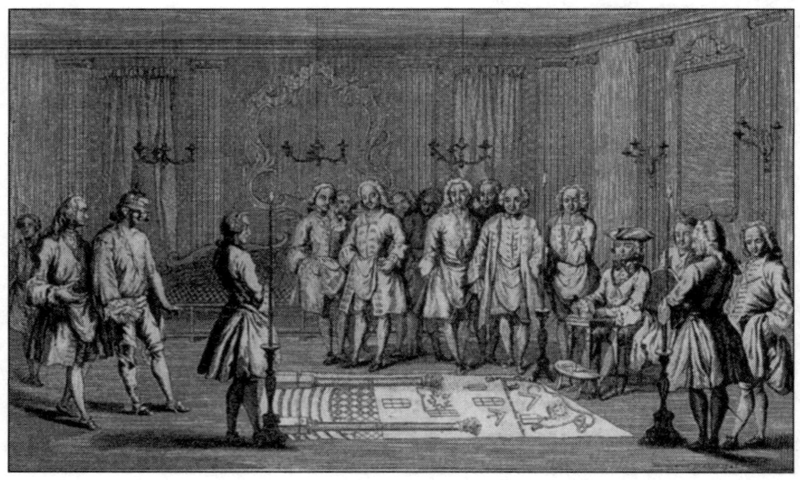

Ceremonia de Recepción de un Aprendiz

16. *All that I wish to emphasize at this stage is that our present system is not one coming from remote antiquity: that there is no direct continuity between us and the Egyptians, or even those ancient Hebrews who built, in the reign of King Salomon, a certain Temple of Jerusalem. What is extremely ancient in Freemasonry is the spiritual doctrine concealed within the architectural phraseology; for this doctrine is an elementary form of doctrine that has been taught in all ages, no matter in what garb it has been expressed.* W.L. Wilmshurst, op. cit.

Capítulo II

Masónicas metamorfosis

Desde el s. XVIII toda regularidad proviene de Inglaterra. A la vista del penoso estado operativo de los gremios de la construcción, fueron los primeros y únicos que supieron transformarlos en formas y figuras hasta entonces impensadas.

Impenitentes en actuar como si el Continente quedara lejos (*the Continent is a long way off*, dijo alguno), no les perturbó que las Islas fueron la única región de Occidente en desarrollar nuevas formas de iniciación artesanal. Y no miraron hacia el canal, para lo que ya contaban con una larga práctica. Hicieron bien.

Dos constataciones se imponen: la primera, que en el siglo XVIII el Continente no es consciente de su rico pasado gremial, y de poseer una iniciación subterránea que, acaso virtualmente, subsistía sin que nadie actualizara. La segunda, que es Inglaterra quien lo hace. Recoge la herencia y el espíritu gremial junto con los antiguos usos, costumbres y deberes (*old charges*), y acepta los bornes a no sobrepasar (o *landmarks*) como el de la creencia en Dios, que van a conservar, casi solos en masonería, hasta hoy. Es Inglaterra quien reverdece en el XVIII su dormido patrimonio, lo integra como tradición propia que renueva, le da cartas y Constituciones, y lo exporta... Esto es: siendo los británicos por definición autosuficientes, en realidad no lo exporta; contagiados por la maravillosa novedad, los países aledaños llaman a su puerta.

Ejemplo de los ingleses residentes en el extranjero: crean entre ellos sus propias logias especulativas. Algo nuevo, que pronto suscita vocaciones. La de Madrid[17] es anterior a 1730 y según algunas fuentes, el primer establecimiento masónico regular en Europa. Su nombre fue de *French Arms,* o bien *Three Flowers de Luces* (sic), en realidad *Las Tres Flores de Lys,* debido a que tomó sede en un hotel francés así llamado, sito en el número 50 de la calle Ancha de San Bernardo.

Según otras fuentes, la primera logia continental fue la de París en 1726, en el domicilio de Mr. Huré, comerciante de origen inglés, en la calle Boucherie Saint-Germain. Se llamó Logia de Santo Tomás, fundada por Milord Derwenwaters, el caballero Maskeline y otros ingleses[18]...

Período de transición

La cronología más fundamental, sin negar ni siquiera cualquier antecedente mítico (pues podríamos ascender desde Bizancio a Roma y los *Collegia fabrorum,* Grecia, Líbano, Tebas,

17. cfr. J. A. Ferrer Benimeli *La Masonería en Aragón,* Ed. Librería General, Zaragoza 1979.
18. cfr. *Cahiers de la Grande Loge Provinciale d'Occitanie,* n° 24, diciembre de 1998, p. 13.

Siria, Capadocia y el Oriente indoeuropeo, etc., pues el afán constructor es inmemorial, y la Biblia ya cita la construcción de las primeras ciudades desde el capítulo IV del Génesis), nos remontaría a las logias inglesas de las que hay rastro en 1277, o a la fundación de la *Company of Masons* en 1356, en Londres, única cofradía de masones documentada en Inglaterra. La *logia* –ya lo hemos dicho– era el local adosado a la obra (catedral, abadía, parroquia, fortificación, puentes, etc.) donde se guardaban las herramientas del oficio, se cambiaban de ropa y acaso se cobraban los táleros debidos y donde se reunían los *freemasons*, palabra que aparece por primera vez en 1376. Nada ha cambiado. Seguimos viendo por nuestras calles, que tanta obra soportan, la caseta prefabricada y removible para lo mismo.

Más tarde, en 1420, aunque no referida a los gremios constructores sino a los de los zapateros (oficio de la más remota antigüedad, pero sin relación con los oficios de construcción), aparece en París la primera noticia sobre los Compañeros de los Deberes del Tour de Francia. Es el *Compagnonage*.

Estos gremios seguirán su historia y su vida. Entrarán demasiado pronto en decadencia, cuando la sociedad gremial ceda protagonismo ante el creciente «paro laboral» (aunque venía mudando de piel hace ya bastantes años). Pronto recibirá en su seno a cofrades dichos *aceptados*. Es la *masonería de transición*; el siglo previo a la constitución de la Logia Unida de Inglaterra en 1717, de manos del pastor anglicano James Anderson y del presbiteriano John Thoefilus Désaguliers.

En efecto, ya no se construyen catedrales, muchas de cuyas obras han sido abandonadas, inconclusas desde el siglo XV. Los masones ya no tienen la exclusiva sobre el tallado de la piedra o el plano del edificio, que recae en las escuelas de arquitectura. Y si las logias reciben miembros «aceptados» ajenos a la profesión (que pronto serán dominantes en número), es por un reflejo de supervivencia. En 1620 la *Company of Masons* de Londres se subordina una logia «*Acception*», que también está abierta a personas ajenas al oficio; y el anticuario Elías Ashmole fue iniciado francmasón el 16.X.1646. En una logia de Aberdeen, en 1670, entre los maestros masones sólo 10 eran operativos, 4 eran nobles, 3 caballeros, 8 abogados, 9 mercaderes y 15 comerciantes.

La transmisión del simbolismo del oficio predica que las logias manuales ya introducían elementos especulativos en los que incidir en los momentos claves, recepción o iniciación. A saber, el trabajador manual de alta época iba provisto en su formación de un aparato simbólico. No creemos, sin embargo, que se pueda hablar de *iniciación* en el guenoniano sentido de transmisión de una influencia suprahumana. Tal se alega, por ejemplo, para las cofradías islámicas sufíes, vehiculada además por una *tariqáh* o «vía» legitimada, que se remonta sin hiato hasta el Profeta. No creemos ni vemos documentación suficiente que abogue porque el maestro de obra sea un maestro iniciador en ese mismo sentido, habiendo otras posibilidades de otro orden, con valores puramente antropológicos y sociales.

Otra cosa es afirmar justo lo contrario: que llegados a 1717 la masonería contuviera elementos dichos operativos. Abandonada la cubicación y la talla de piedra, no cabe sin juegos malabares sostener que en sus talleres se practica tanto el trabajo operativo por un lado, como el especulativo por otro. Lo operativo es lo especulativo. Se define «operativo» el trabajo intelectual de la rumia de los catecismos masónicos, a la sombra de la logia y de sus talleres.

1717: masonería especulativa

La masonería manual se resuelve en especulativa en 1717. Ocurre tras la federación de cuatro logias no operativas, creándose la Gran Logia de Londres y de Westminster que, más tarde, en 1738, pasará a llamarse la Gran Logia de Inglaterra (GLI). Es *la más antigua y honorable Sociedad de Masones aceptados y libres.*[19] Ello finiquita por completo la situación anterior. Con destrucción de los documentos previos, el pastor Anderson recoge en sus Constituciones las *Old Charges* y *landmarks* de los antiguos gremios medievales, que, de este modo, quedan como abolidos y suplidos por las citadas Constituciones. Esta «substitución» (palabra mágica que volveremos a encontrar) equivale a una refundación. Libre cada uno de apreciar el auto de fe, cuya honorable justificación podría haber sido el lamentable y periclitado estado

19. En la Gran Logia de Inglaterra se contemplaban ocho principios fundamentales: 1. Creencia en el Gran Arquitecto del Universo; 2. Juramento sobre la Biblia (o el Corán, técnicamente); 3. Trabajo ante las tres Grandes Luminarias: la Biblia, la Escuadra y el Compás; 4. Prohibición de discusiones políticas y religiosas; 5. Masculinidad 6. Soberanía; 7. Tradicionalismo; 8. Regularidad de origen.

de las logias, que, a falta de obra exterior, dormían mano sobre mano. Entre las cuatro que deciden unirse en la GLI, no totalizaban 120 masones; y aún menos. Lo indudable es que la nueva creación prosigue sin rotura la situación precedente.

Desde el punto de vista religioso, los protestantes, exclusivos en Inglaterra, son mayoritarios en Francia en las primeras logias del nuevo cuño. Los movimientos rosacruces y los iluminismos son básicamente protestantes, y la masonería lo es presentando dos polos: ése inglés, dominante en Gran Bretaña, Holanda y en las principales ciudades de Alemania; y el místico y luterano de la masonería germano-escandinava. Roma puede columbrar muy bien, en un tal paisaje, un complot contra ella. Se ha dicho a este efecto que las Constituciones de Anderson de 1723, más que deístas, son la manifestación de una tolerancia relativa en un contexto político que excluía a los católicos.[20] Pese a ello, según las mejores estadísticas, hacia 1770 entre un 4 y un 5 % de los masones eran clérigos, y algunos del orden episcopal. La logia de *la Parfaite Intelligence* de Lieja contaba entre sus miembros al obispo y a gran parte de su Cabildo, de tal modo que los grados superiores eran a su vez dignatarios de la Iglesia. Espectáculo insólito: durante las tenidas oían impasibles, si nos los pronunciaban ellos mismos, conmovedores discur-

20. La creación de la Gran Logia de los Antiguos en 1751 corresponde al deseo de acoger a los católicos, recusando al ateísmo y al deísmo, y de paso al mismísimo Anderson. Sobre estos temas véase Porset y Révauger eds., *Franc-maçonnerie et religión dans l'Europe des Lumières*, París, Honoré Champion, 1988.

sos sobre las supersticiones y la credulidad de las gentes,[21] muy dignos de Voltaire. ¿Debemos caritativamente pensar que lo suyo se limitaba a la crítica *iluminada* de lo único verdaderamente criticable: las supersticiones y la credulidad del pueblo? En pro de la higiene mental...

Los masones no se acogen bajo la disciplina de Roma, y la primera condena romana viene con la Bula de Clemente XII, *In Eminenti*, del 28.IV.1738.[22] Aquellos son luteranos, episcopalianos o anglicanos, presbiterianos, metodistas, unitarianos, etc., casi todos ingleses, y la de Inglaterra es la Logia madre de todas las logias. Al principio los luteranos y los calvinistas no se muestran nada receptivos a la masonería. Se mantiene mayoritariamente la fe en el Dios creador, pero ello va a evolucionar con el tiempo. En la masonería moderna comprobamos tres situaciones:

1. los que consideran que existe un Dios revelado, como la masonería inglesa;
2. aquellos para los que el problema de Dios no se plantea, como el Gran Oriente de Francia;
3. los que aluden al gran geómetra o Gran Arquitecto del Universo, como se estila en las G.L. nacionales, etc.

Al consuno con otros y, sobre todo, con los guenonianos de estricta observancia, Federico González[23] dice: «asimismo varios autores hacen mucha cuestión sobre ciertos temas rela-

21. Robison, op. cit.
22. Véase en Anexo.
23. cfr. *Hermetismo y Masonería*, ed. Kier, Buenos Aires 2001.

cionados con el catolicismo y el protestantismo en el proceso de paso de la Masonería operativa a la especulativa. De hecho se suele simplificar el asunto diciendo que LAS CORPORACIONES OPERATIVAS ERAN CATÓLICAS Y LAS ESPECULATIVAS POSTERIORES PROTESTANTES. Desde luego que desde el punto de vista histórico estos hechos pueden ser más o menos "reales" en general, pues la orden, como toda institución, está sujeta a determinados VAIVENES CÍCLICOS que tienen manifestaciones sociales, políticas, económicas, etc., como fueron la Reforma y la Contrarreforma. Pero desde el punto de vista de la masonería como organización iniciática, ella no está sujeta al devenir, motivo por el cual subsistirá hasta que finalice el ciclo».

Se refiere González a la transformación de la masonería en especulativa: difícil exagerar su importancia. Tema, además, en clara conexión con la destrucción de documentos, que luego citaremos. Obsérvese ese *pueden ser* y el entrecomillado de «reales»: ponen en solfa la supuesta *realidad* (el entrecomillado), y abre las puertas a interpretaciones metafísicas. En cualquier caso es obvia la deducción siguiente: *más o menos reales* –dice– luego real. Igualmente indica que el paso, que todo lo altera y cambia, de la logia operativa a la dicha especulativa, se purifica, se atenúa, se equipara, se equivale al modelo Reforma/Contrarreforma. Lo que es erróneo en su planteamiento y está mal expresado, pues sin duda se refiere a la secesión de la *regularidad católica* en Reforma protestante católica. La Contrarreforma –salvo que introduzcamos una vez más el tema de los jesuitas– nada tiene que ver con lo que el autor pretende decir aquí. Con ello, además el Sr. González tiene una buena excusa para excusar los cambios… Por último se refiere a la ciclología

hacer desaparecer la traza de las verdaderas tradiciones, confesionalmente inasumibles por la situación político-religiosa de la Inglaterra del siglo XVIII. Se hacía desaparecer la prueba de la predominancia del catolicismo tradicional en las logias. A cambio de ello, una pérdida de sentido; la resurgencia de la antigua gnosis bajo el manto masónico. Fin del antiguo régimen tradicional que erigió las catedrales, ahora en paro de construcción.

Encontramos casi idéntico panorama y trapicheo una y otra vez, por ejemplo, en los sucesos que avalaron la fundación de la iglesia de los mormones.

La fundación de la Iglesia de los Santos de los Últimos Días (mormones) data oficialmente del 6.IV.1829. Seis años antes, en la noche del 21.IX.1823, se le aparece a John Smith el ángel Moroni, hijo del profeta Mormón,[27] revelándole la existencia de unas tablillas de oro en las que se cuenta, en tiempos precolombinos, la historia en América de dichas desaparecidas tribus, confiándole la misión de traducirlas y publicarlas. Lo que hace, concluyendo su traducción en 1829. La Iglesia de los mormones está con ello en marcha, con John Smith como vidente, gran profeta y apóstol de Jesucristo, como cabeza. Antes de devolver al ángel Moroni las famosas tablillas en las que todo se fundamenta, pero de las que se hace *tábula* rasa, John Smith las muestra a 3 y luego a 8 testigos, que van a testificar sobre su rea-

---

27. Según las fuentes mormonas, se trata de un profeta que vivió en América en el s. IV de nuestra Era. Allí se habían trasladado las once tribus perdidas de Israel.

lidad,[28] habiéndolas tenido en mano. Se levanta solemne acta declarando que el conjunto de la revelación mormónica está recogido en su libro, y se quedan tan tranquilos. Así,

---

28. cfr. el «Testimonio de los tres testigos»: «*CONSTE* (*Be it known unto all nations, kindreds, tongues, and people, unto whom this work shall come...*): a todas las naciones, tribus, lenguas y pueblos, a quienes llegare esta obra, que nosotros, por la gracia de Dios el Padre, y de nuestro Señor Jesucristo, hemos visto las planchas que contienen esta relación, la cual es una historia del pueblo de Nefi, y también de los lamanitas, sus hermanos, y también del pueblo de Jared, que vino de la torre de la que se ha hablado. Y también sabemos que han sido traducidas por el don y poder de Dios, porque así su voz nos lo declaró; por tanto, sabemos con certeza que la obra es verdadera. También testificamos haber visto los grabados sobre las planchas; y se nos ha mostrado por el poder de Dios y no por el de ningún hombre. Y declaramos con palabras solemnes que un ángel de Dios bajó del cielo, y que trajo las planchas y las puso ante nuestros ojos, de manera que las vimos y las contemplamos, así como los grabados que las contenían; y sabemos que es por la gracia de Dios el Padre, y de nuestro Señor Jesucristo, que vimos y testificamos que éstas cosas son verdaderas. Y es maravilloso a nuestra vista. Sin embargo, la voz del Señor nos mandó que testificásemos de ello; por lo tanto, para ser obedientes a los mandatos de Dios, testificamos de estas cosas. Y sabemos que si somos fieles en Cristo, nuestros vestidos quedarán limpios de la sangre de todos los hombres, y nos hallaremos sin mancha ante el tribunal de Cristo, y moraremos eternamente. Sea todo honor para el Padre y el Hijo y el Espíritu Santo. Amen». Firman Oliver Cowdery, David Whitmer y Martin Harris. Tambien tenemos el "testimonio de los ocho testigos", de que Joseph Smith Jun., *the translator of this work, has shown unto us the plates of which hath been spoken, which have the appearance of gold; and as many of the leaves as the said Smith has translated we did handle with our hands; and we also saw the engravings thereon, all of which has the appearance of ancient work, and of curious workmanship. And this we bear record with words of soberness, that the said Smith has shown unto us, for we have seen and hefted, and know of a surety that the said Smith has got the plates of which we have spoken. And we give our names unto the world, to witness unto the world that which we have seen. And we lie not, God bearing witness of it». – Documento que suscriben Christian Whitmer, Jacob Whitmer, Peter Whitmer, jun John Whitmer, Hiram Page. Joseph Smith, sen Hyrum Smith y Samuel H. Smith.*

la realidad mormónica se basa en este acta fundacional, sin prueba o documentación alguna añadida.

Eso de deshacerse del pasado y afirmar que el documento que lo liquida ya recoge las tradiciones y la esencia misma de una anterioridad que alegremente se envía *ad patres,* cuyos documentos y archivos se destruyen para mejor negar, por ejemplo, la confesionalidad, es exactamente lo que perpetra Anderson.

Para Darius Ghiblim[29] [hablando de los orígenes de la institución masónica y de la iniciación] «hay que rendirse a la evidencia de que se han destruido documentos y que los que quedan no están siempre en manos de personas capaces de entenderlos e interpretarlos». Es cierto que, para completar cualquier laguna, basta sostener que lo propio de una verdadera tradición es su transmisión oral. Así lo hacen.

Lo hemos visto en muchos sitios. Destruidos los documentos, la tradición oral es lo único que queda para asegurar las bases de la transformación de 1717; pero aquella no es nada sin documentos, mientras que adquiere toda su importancia cuando se cuenta con ellos. Hay ejemplos esclarecedores. En el judaísmo tenemos la *torá she-bi-khtav* o tradición escrita (la Biblia), y la *torá she-be-`al-pé* o tradición oral (*torá que está en la boca), id est,* el Talmud (puesto por escrito). No hay oral sin la escrita: ésta es hermenéutica de aquella, y además, junto con los 613 mandamientos y preceptos de la Torá, la fuente de la *halakháh.* Ocurre lo mismo en el cristianismo. Tenemos la tradición escrita (la Biblia con el NT) y la tradi-

29. De la Logia Apolonyus de Tyane del Grand Orient de Suisse.

ción oral, cuya importancia, en base a aquélla, es decisiva. Fundamenta la vida sacramental, la doctrina y el dogma. En el budismo es análogo, recogiendo en diversos sutras y tantras (escritos) la tradición oral sobre los sermones del Buda Sakyamuni. Lo vemos también en el Islam, con los *hadith* o dichos del Profeta, etc. No hay tradición oral sin la sagrada e intocable documentación escrita. Estamos aquí ante una de las horcas caudinas y de los puntos clave para la reflexión sobre la Masonería.

Puesto que ante la imparable ascensión en la gestación histórica de la manufactura, de las academias de arquitectura (primero en Italia), y pronto del movimiento social obrero, de los sindicatos y de las internacionales, tocaba morir, la Masonería se ve obligada a mudar de piel. Esa muerte que tocaba tras lo que se ha definido como una Masonería de transición, entre mediados del XVII y 1714, deja, en los mundos occidentales, dos supervivientes que son primos hermanos: el compañonaje francés que nace en el siglo XV, y en segundo lugar la transmutación de la Masonería en *especulativa*, adjetivo éste homofónico (pero no traducción correcta) del inglés *speculative*, y que más propiamente debiera decirse *aceptada* o mejor aún *simbólica* y aún *mística*.

Masonería alta

La siguiente etapa de la lenta transformación, puramente simbólica y especulativa, aunque unos u otros la denominen *operativa* del templo interior, nos trae al día de hoy. Se añade al artesanal, el simbolismo inicialmente postizo de los Altos Grados o «masonería alta», que se practica en los «talleres superiores». Al acerbo original de los tres únicos grados o masonería azul, incorporan tradiciones esotéricas que le son ajenas: rosacruces, alquimia, cábala, teurgia, y las de esos operativos ya extinguidos en 1314, los templarios. Es la masonería de hoy. Nos recuerda otras transformaciones históricas, modificadoras de substancia. Ejemplo –en otras latitudes– del devenir del muy tardío budismo tibetano (a partir del s. XIV o XV, el actual Dalai-Lama es sólo el 14.º), dicho *vajrayana* y *mahayana*. Es una nueva forma que eclosiona siglos después de la revelación del buda Sakyamuni. Ante los ojos y la bulimia occidentales aparece como el budismo más auténtico, además del más goloso. Es justo lo contrario. Incorpora el preexistente y omnipresente chamanismo *bon-po*, salvo que sea el *bon-po*, bajo el título de vajrayana, quien haya integrado el budismo en su seno. Mídase la distancia y la extrañeza existente entre el budismo zen y el tibetano...

Tampoco la Masonería es una historia lineal; las bifurcaciones predominan, lo que no es forzosamente algo negativo en sí. En uno de los capítulos del *Esoterismo en el s. XVIII* (que sigue el plan de obra de *La Franc-Maçonnerie Templière et occultiste aux XVIIIe et XIXe siecles*, de René Le Forestier[30]), Antoine Faivre resume el devenir de lo que llama la «francmasonería mística». Seguiremos en parte su camino, tras los pasos de Le Forestier. La historia es conocida, pero el guión, sin quitarnos libertad, nos impedirá perdernos en los meandros.

30. Ed. Aubier, París 1970.

El arranque es el siguiente: ya no se toma en mano la paleta, y se ha dejado en las sombras la maza y el cincel. Todavía a comienzos del XVII, Inglaterra, aunque paulatinamente reconvirtiéndose en especulativa, remontaba en filiación directa de la huella trazada por sus mayores. No que nos fuéramos a quedar de repente sin obra civil o religiosa, sino que la herencia que había que recoger –medieval– tenía un márchamo distinto. Pretendía ser sacralizadora del espacio: un templo en el centro, al margen de la profanidad.

Tras la metamorfosis de 1717 en una masonería *aceptada*, viene a toda velocidad una nueva muda de mayores consecuencias. Cierra la etapa de la masonería «azul» de tres grados, y superpone otros muchos de diferente carácter.

Cierto que los *Ancient Masons* de Irlanda ya venían practicando un cuarto grado, el *Royal Arch*, difusor del mito de la palabra perdida; pero ahí se quedan. Llegamos a 1738. En su discurso de recepción,[31] el caballero *escocés* A. de Ramsay inocula la idea de la creación de grados superiores. Ello introducía un cuadro más marcadamente cristiano (aunque lo cierto es que, hasta hoy, sólo la masonería inglesa conservará un carácter positivamente religioso), pero sobre todo da cabida a las corrientes esotéricas entonces tan a la moda, creándose la masonería dicha *escocesa*. Nuevos grados. Francia exporta algunos, como el de Caballero Rosacruz.

Las logias rosacruces se crearon pronto. Llegaron a ser un conjunto formidable que había adoptado –se dice– la cons-

---

31. Discurso de recepción pronunciado en Lunéville en 1738. Véase en anexo.

titución de los jesuitas. En realidad –Robison *dixit*[32]– eran una secta de supuestos alquimistas; buscaban la transmutación de los metales y la medicina universal… Estas logias fueron consideradas siempre por los demás francmasones como cismáticas. No había necesidad de introducir en la Orden sus delirios religiosos. Algunos se llegaron a preguntar seriamente, si jesuitas y rosacruces no eran en realidad sino un uno y el mismo cuerpo, uno de ellos entrando en latencia para emerger más tarde como si fuera el otro…

Con todas estas aportaciones y las que luego vienen, muy en el espíritu ocultista del siglo XVIII, pero espúreas, cae en el desinterés el hecho más palmario: los únicos predecesores de la masonería especulativa fueron obreros manuales.

De Alemania provienen una buena serie de grados templarios, iniciando la fama de la masonería heredera directa de la extinta Orden del Temple, que tanto juego ha dado y da. Es a partir de 1751 cuando el barón Karl von Hund,[33] diciéndose comisionado por los S.I. o *Superiores desconocidos*[34] para reformar la francmasonería, introduce en sus rituales la leyenda del origen templario, creando de este modo una masonería rectificada. En el capítulo de Clermont, su Orden vendrá a llamarse «Estricta Observancia Templaria» (EOT), concretándose esta nueva y fecunda muda a la que ahora nos referimos.

---

32. cfr. Robison, *Proofs of a conspiracy against all the Religions and Governments of Europe, carried on in the secret Meetings of the Freemasons, Illuminati, and Reading Societies, collected from Good Authorities.*
33. También se interesa por la alquimia como medio adecuado para financiar la Orden.
34. Sobre este tema véase, de la revista *Charis,* el monográfico «La polémique sur les "Supérieurs Inconnus"», ed. Arché, Milán 2003.

Prosperará y seguirá por su cuenta la historia de la EOT por vericuetos por los que no vamos a discurrir; con alianzas importantes (con la masonería sueca por ejemplo, sus clérigos consagrados a la magia, y los teúrgos invocadores de espíritus...), y con sonoras rupturas y divorcios. Una de sus principales cabezas, el Duque de Brunswick, sediento de misterios y de invocaciones mágicas, echando pronto en falta el esoterismo de la mística sueca, envía una circular a los miembros de la EOT (1779), rechazando la filiación y cualquier intento de restaurar la Orden del Temple. Mientras tanto aparece en 1777 la figura mayor del lionés Jean-Baptiste Willermoz, negociante en seda, gran inductor de nuevas Obediencias, pero especialmente la de de los *Caballeros Bienhechores de la Ciudad Santa* (CBCS). Brunswick se volverá de su lado, deseando que los jefes de la EOT se inscribieran como miembros de los CBCS.

La participación de Willermoz en el convent de Wilhelmsbad de 1782 fue decisiva. En esta magna asamblea convocada por de Brunswick, éste, vista la creciente confusión ambiente y sus propios intereses, decide dilucidar la esencia masónica y sacar las conclusiones que se impusieran. Para definir dicha esencia había que deslindar entre racionalistas y esoteristas; entre las ideas católicas criptojesuitas y las protestantes que se ocupaban de la Iglesia interior; entre auténticos masones y masones suscritos a los Iluminados de Baviera, etc., rebajando de paso, en lo que se pudiera, la teoría de una filiación templaria. La incorporación de la EOT en la Orden de los CBCS dará nacimiento al Rito Escocés Rectificado (RER). El *convent* (o asamblea) adoptó la *«reforma de Lyon»* de Willermoz. Se concluía que la filiación templaria (que en principio se dilucidaba) sólo tenía un significado moral, místico-cristiano. Brusnwick se convirtió en el jefe del sistema que nace con la fusión, con el título de «Gran Maestro General de la Orden de los Caballeros Bienhechores y de la Masonería Rectificada».

Hemos hablado de los SI como inductores de las metamorfosis masónicas. ¿Quiénes son? Estaríamos ante una creación bien sulfurosa si realmente fueron una categoría eclesiástica, exactamente la *Clase Eclesiástica de la Orden Interior del Régimen de la Estricta Observancia Templaria*,[35] a saber, si estuvieron en el origen mismo de la *Estricta Observancia*. Las imputaciones van muy lejos. Se les ha atribuido el grado masónico de *Rosacruz*, e incluso la autoría de la misma Orden R+C. No se privan de ver en las iniciales SI, que designan a la Compañía de Jesús (*Societatis Jesu*) y a cada jesuita en particular, la referencia auténtica, en la Estricta Observancia Templaria y en el martinismo,[36] a esos míticos SI o Superiores Desconocidos (*Supérieurs Inconnus*), fueran éstos humanos o no humanos. De modo que unos S.I. serían también los otros, «un uno y el mismo cuerpo, uno de ellos entrando en latencia para emerger más tarde como si fuera el otro» –decíamos en una obra anterior. Sólo con el Duque Fernando de Brunswick como nuevo *Magnus Superior Ordinis* como hemos visto, se dejan de

35. Dixit Franciscus, *Eques a Capite Galeato* (era un mandatario o *missi dominici* de los misteriosos SI). cfr. René Guénon, en sus *Études sur la Franc-Maçonnerie et le Compagnonage*, Editions Traditionnelles, París 1977, tomo II, p. 1970.

36. Aunque no conviene confundir entre *Martinismo* (LC de Saint-Martin) y *Martinesismo* (Martines de Pasqually), hay que confesar que esencialmente son la misma cosa. En todo caso dominan la masonería mística del siglo XVIII, es decir, la masonería misma.

lado, al menos provisionalmente, las referencias y recursos a los famosos SI, quizás caídos por fin en descrédito, aunque la vida de estas entelequias es durísima.

La Orden de los CBCS sigue existiendo en nuestros días. Además de los 3 grados azules de Aprendiz, Compañero y Maestro (que corresponden, respectivamente, a los tres mundos, físico, psíquico y espiritual), tiene el de *Maestro Escocés de San Andrés* y dos grados interiores: el de *Escudero Novicio,* y el de *Caballero Bienhechor de la Ciudad Santa.* Este último in-cluye a su vez dos grados muy secretos, que los anteriores no conocen: los de *Profeso* y *Gran Profeso,* cuyos rituales son martinismo puro. El último de los dos, es de preparación a la magia ceremonial y a la teúrgia, con enseñanzas impartidas personalmente por Willermoz. El misterioso Martines de Pasqually se apercibe desde el horizonte y se apodera por un tiempo de nuestra historia...

Porque a mediados del s. XVIII aparece en el panorama francés el martinismo, del nombre del teúrgo portugués (en realidad de origen desconocido) Don Martines de Pasqually, creador de la obediencia *operativa* de los Elus Cohen (o «elegidos *cohen*», en hebreo «sacerdote»)[37]. Se presenta como un sistema de altos grados, superpuestos como siempre a la masonería azul.

La iniciación teúrgica que se impartía a los *hombres de deseo,* les abría el acceso a las esferas invisibles y a diversas manifestaciones paranormales. En la ceremonia, los candidatos ele-

---

37. Las clases de los Elus Cohen se dividen en las siguientes: 1.ª CLASE (*Masonería Simbólica*): Aprendiz, Compañero, Maestro, Gran Elegido o Maestro Elegido; 2.ª CLASE (*Porche*): Aprendiz Elegido Cohen, Compañero Elegido Cohen, Maestro Elegido Cohen; 3.ª CLASE (*Grados del Templo*): Gran Maestro Elegido Cohen o Gran Arquitecto, Caballero o Comendador de Oriente o Gran Elegido de Zorobabel; 4.ª CLASE (*Secreta*): Réau-Croix.

Sello Rosacruz

gidos desfilaban ante dioramas luminosos, surtidos de signos y jeroglíficos susceptibles de elevarlos a la contemplación intelectual y al tráfico con los espíritus. Los iniciados recibían el grado de *Élu-Cohen,* aunque la verdadera iniciación, que concedía además la investidura de iniciador, era la del grado de *Réau-Croix,* el único de la 4.ª clase secreta. El de *Réau-Croix* es término de difícil interpretación, afín o de la familia de los *Rosa+Cruz.* Quizás, al hermanar en la misma fórmula los conceptos de *hombre* (*réau* = rojo = *adamáh* = adán = hombre) y de *cruz,* tuviera el sentido –que a Pasqually interesaba– de verdadero «hombre redimido». J. B. Willermoz va a recibir la iniciación de Réau-Crox en 1768. Y Louis Claude de Saint-Martin, el *filósofo desconocido*[38] que hacia 1765 fue ya

38. El «*Filósofo desconocido*» porque no firmaba sus obras... Abandonó finalmente su logia para dedicarse a la lectura y meditación de la *Imitación de Cristo.* En una carta a Willermoz decía: «el régimen masónico se convierte cada vez más incompatible con mi manera de ser y la simpliciad de mi proceder». Su obra cumbre es *L´homme de désir.* A él debemos el concepto de «noble viajero». Robert Amadou, gran especialista en Saint-Martin, dice que se volvía cada vez menos sociable en cuanto a las sociedades iniciáticas, y menos teúrgo en cuanto a la teúrgia ceremonial; y según ambas vías, cada vez menos francmasón (*vide* la revista *le Symbolisme,* 52è année, 1970).

aceptado en la *Orden de los Caballeros Masones Elus-Cohen del Universo,* (o simplemente *Elus-Cohen*), la recibirá en 1772. Posteriormente, en 1785, fue armado CBCS bajo el *nomen* iniciático de *Eques a Leone Sidero,* recibiendo los grados máximos de Profeso y Gran Profeso. Willermoz tendrá una fraterna relación epistolar y personal con L.C. de Saint-Martin, que, durante más de un año, se alojó en su casa de Lyon.

Recapitulamos: inspirado en el martinismo al que consagrará su vida, y recibidos los primeros grados de los Elus-Cohen, Willermoz va a crear el sistema de los *Caballeros Bienhechores de la Ciudad Santa.* Sirviéndose además de la EOT, consiguió lo que quería: que los cuadros de ésta transmitieran la teosofía y la enseñanza martinista. Además, resultado de sus trabajos de unificación de rituales (esa *reforma de Lyon* que hemos citado), el sistema CBCS se sumará al Rito Escocés Rectificado.

La masonería nos trae estos fuertes contrastes. Hablamos del baron von Tal, del Duque de X o de Z, del landgrave de Hesse-Cassel o de la familia real británica. Pero los nombre verdaderamente importantes son Willermoz, tratante de seda; LC de Saint-Martin, un letrado anónimo; Martínez de Pasqually, un aventurero, el caballero Ramsay, o incluso el gran Cagliostro, personaje de novela, etc.

Hasta aquí un brevísimo resumen, un extracto selectivo lleno de ausencias y voluntarias omisiones de la historia masónica, básicamente del s. XVIII, que es donde se cuece casi todo. Para el pleno desarrollo y para el detalle, debemos remitir al lector a la inmensa bibliografía e historiografía masónica, toda ella al alcance de la mano.

Con una velocidad acelerada Dios se convierte en el Gran Arquitecto del Universo. En las sucesivas Constituciones de Anderson del s. XVIII, vemos esa muda de lo divino, y cómo a cada vez va perdiendo substancia. Ya en el XIX la Masonería es laica, apreciándose dos vertientes. El Gran Oriente de cada país va a negar toda metafísica,[39] relegándola en todo caso al dominio puramente privado. Es una Masonería que todavía se quiere espiritualista, pero que al análisis se revela comparativamente materialista. Abandonada la trascendencia (quizás con la excepción en GB del Rito Emulación o de York, y entrecomillando mucho, con la del Rito Escocés Rectificado), el invento de la deidad restringe el mundo a la más estricta inmanencia.

En cuanto la Gran Logia de cada país, que practica el Rito Escocés Antiguo y Aceptado de 33°, mantiene la creencia en el Gran Arquitecto, lo que se reduce otra vez al deísmo más difuso. Dejando –sin miedo a la paradoja– abierta la puerta a cualquier práctica religiosa (católica, protestante, islámica, judía o pagana), la Masonería se coloca por encima de todas las formas pudiendo practicarlas todas, conciliando su pretendido esoterismo con el pretendido carácter exotérico de lo religioso. Es cierto, sin embargo, que entre sus afiliados abundan los creyentes en el Dios trascendente en el que creían los antiguos gremios medievales; y que el trabajo iniciático y simbólico para el acceso a los diferentes grados, ofrece una posibilidad más clara de realización. Dentro de su lógi-

39. ¿Cómo es posible aceptar el simbolismo de sus grados filosóficos, si negamos al símbolo un poder transcendente?...

ca interna, la Masonería imparte laicismo y tolerancia; no aporta el Conocimiento, sino que, de grado en grado, señala con su dedo la existencia del símbolo, mostrando la posibilidad de un camino. Es el secreto masónico. La realización es siempre personal.

Para quien entra en Masonería como quien entra en religión, el Rito que le acoge es hoy una realidad viva; responde a esa necesidad interior de carácter teleológico, que tradicional y justamente pertenece a la religión. Pues si se entra en ella como en un club, se traicionan frontalmente los fines confesados de la entidad que lo acoge. Decimos *hoy*, pues si se tratara del lejano ayer no estaríamos en el mismo marco teleológico. Estaríamos ante una propuestas de desarrollo personal integral; ante la iniciación artesanal para desempeñar un oficio. Bajo las alas de gremios, cofradías, guildas o corporaciones que garantizaban determinadas franquicias y privilegios.

El panorama, desde allí hasta aquí, calca, y para muchos preludia, la avenida de la modernidad laica en la que el hombre es su propio fin. Lo que cada uno piense del devenir social a lo largo de los tiempos, progreso o regresión, lo podría aplicar a la Masonería como si ésta, desde los últimos siglos, acompañara estrechamente a una Historia que se encamina, bien hacia su propio punto Omega (en una vía de ascendente progreso), bien hacia su disolución final en lo peor de la Edad de hierro o *kali-yuga*.

Subsisten las logias simbólicas con sus tres grados. Más allá, los altos grados dependen de dos organizaciones principales:

1. el Rito Escocés Rectificado (RER), que es un Orden caballeresco, cristiano y de esencia aristocrática;

2. el Rito Escocés Antiguo y Aceptado (REAA), Orden filosófico, de tendencia laicisante y de múltiples grados (33), aunque generalmente se practican tres. Hoy en día la principal rama inglesa sigue siendo la United Grand Lodge of England fundada en 1717, y la francesa más importante es el Grand Orient de France, nacida en 1773 de una escisión de la Gran logia de Francia (1728).

El rito escocés

Capítulo III

Esoterismo e iniciación

La iniciación, según sus propias fuentes, es lo propio de la Masonería. Todo masón es un iniciado de su logia. Pero para un masón no tendrá el mismo alcance que para otro. Es una noción que admite demasiadas cosas. Quizás, para decidir, sea ineluctable un criterio a priori.

El esoterismo es algo a lo que aquélla ha aspirado largamente, sobre todo con los Altos Grados. Esta ambición está, quizás, de capa caída. Debiéramos hacer un juicio a posteriori.

Esoterismo

«No hay que olvidar que, así como hay un esoterismo musulmán, igualmente existía en esta época [Edad Media] un esoterismo católico, es decir, un esoterismo que tiene por base y punto de apoyo los símbolos y ritos de la religión católica, superponiéndose a ella sin oponerse de manera alguna», dice René Guénon. Ya lo hemos avalado de alguna manera en una obra anterior,[40] al referirnos, por ejemplo, a los *Fideli d'A-*

40. cfr. *El Priorato de Sión,* Ediciones Obelisco, Barcelona, 2004.

more o, en otro nivel más discreto, a *L'Estoile internelle* y a la *Fraternidad de Caballeros del Divino Paráclito.* Aun así habría que ver si estos y otros grupos contaban con la sanción eclesiástica, sin limitarse a ser una suerte de círculos de reflexión. De sumarnos al concierto de los que testifican su existencia, estaríamos ante iniciaciones de tipo sacerdotal o caballeresco; no ante supuestas iniciaciones artesanales. Al menos no tan deprisa. Habría que documentar mínimamente que las corporaciones y cofradías artesanales medievales configuraron un sistema esotérico o iniciático propio, al que superponer «los símbolos y ritos de la religión católica, sin oponerse de manera alguna». Parece claro que dichas corporaciones, que al menos en alta época buscaron siempre el amparo y el cobijo de la religión, no se lo atribuyeron nunca.

A veces el esoterismo, más que nada, se asemeja a una abigarrada «exteriorización», donde lo esotérico precisamente parece ser lo abigarrado; ejemplo de ello son determinadas angelologías y panteones doctrinalmente subsidiarios, desde la época clásica hasta el esoterismo kurdo. Lo esotérico sería entonces lo accesorio. Otras veces se trata simplemente de un conocimiento exotérico que se aísla y reserva. Lo esotérico estaría en el aislamiento y la reserva. Por aquí es por donde podríamos encontrar las bases para imputar esoterismo a un mundo gremial, cerrado en autodefensa. El paralelo es estrecho con el modelo auténtico y reservado, que es sin designaciones públicas, huyendo de asignaciones públicas; porque es inaccesible la sede del Espíritu, el corazón. Del que se deducen estas cosas exteriores en las que vivimos.

La teoría de la iniciación y del esoterismo masónico se explican muy bien del lado de la «inmanencia». Es el campo donde mejor prosperan los *pequeños misterios,* que son el techo –y lo propio, y el honor– de la masonería operativa, azul, como está públicamente aceptado en logia. *Non plus ultra,* lo que no parece suficiente. La Historia ha producido como hongos organizaciones *esotéricas,* y la pretensión de los Altos Grados masónicos a los órdenes imperiales y sacerdotales, viene de su deglución, y apropiación. Asimilándose lo que esotéricamente quizás existió pero que ya no existe, se quedan con todo. Ya no habría esoterismo ni iniciación occidental que no pasara por ellos. Es el verdadero arranque de la *irregularidad,* que arrambla con casi todo en el universo masónico.

Pero el esoterismo es muchas cosas; lo que permite mucho. Se refiere a lo interior (etimológicamente también), desgajándose de cuanto deja o queda tras de sí, que le es exterior. Para deslindar ambas esferas, hay un sutil apólogo masónico y paulino: Lessing –en este caso– hace un sabio distingo entre los *francmasones de Berlín* y los *francmasones que están en Berlín.*[41] Los *de* Berlín son los que allí declaran logia y domicilio; los que allí tienen su Oriente. Con los que están *en* Berlín (nada que ver con los hermanos que casualmente estén de paso), se alude a la masonería espiritual, *invisible,* de Berlín, cuyo Oriente, quizás, esté en todas parte y en ninguna. Pueden ser perfectamente los mismos, a la vez visibles e invisibles. Es análogo a eso de que exista una Iglesia *en* Corinto (que sólo Dios conoce), y una Iglesia *de* Corinto.

De análoga manera habría en logia una masonería esotérica y una exotérica. De este modo tenemos leído que un

41. cfr. *Ernst y Falk. Diálagos para francmasones.*

ritual iniciático pertenece al ámbito esotérico, y la colocación de una primera piedra al exotérico. Las instrucciones a los iniciados, de boca a oído, serían naturalmente esotéricas, y no así los *landmarks* o código de normas.

Trascendencia e inmanencia, esoterismo y exoterismo, se dejan desentrañar a base de las letras hebreas, que son concretas, adimensionales, cargadas de sentido en su mismo trazado. Se inician con la letra Álef; no tiene Beit, al igual que el 1 (que es su valor numérico) no tiene un 2 que le prolongue. El Álef representa a Dios.

En equivalencia latina (pero con escritura de derecha a izquierda como a continuación vemos), la serie alfabética es « a, b, g, d...», en hebreo *áleph, beit, guímel, dálet...*[42]). La letra Beit , *casa* (ב), está abierta hacia la izquierda, en la dirección de la escritura, y da la espalda a la primera e inefable letra Álef (א) que, por cierto, no se pronuncia. Se ha visto del siguiente modo: la «puerta» de esa casa que es la letra Beit, permanece abierta al resto de la totalidad del abecedario; [43] y cerrada y de espaldas a la letra Álef. Lo que define al exoterismo. A saber:

אבגדהוז...[44]

---

42. Sus significados y números respectivos son: áleph = buey, 1; beit = casa, 2; guímel = camello, 3; dálet = puerta, 4, etc.

43. Totalidad que se prosigue con las letras siguientes guímel (ג), dálet (ד), etc.; ahora bien, si nos fijamos en la forma de estas dos últimas, la ג tiene la de un hombrecillo que avanza sobre sus dos patas, solidario y providente tras de la siguiente letra ד, cuya figura es la de un hombre doblado de espaldas, un deslomado. Así debiera avanzar el mundo: los unos ayudando a los otros...

44. Se debe tener en cuenta que la escritura hebrea se desarrolla de derecha a izquierda, y en este caso desde la létra Álef hasta la letra Dálet.

Para practicar el esoterismo, la letra ב (con la que empieza la Biblia –con la palabra *Bereshit*) debería darse la vuelta; dar ahora la espalda al mundo y volverse y presentar su abertura al Áleph (א) inmarcesible que le precede. Ese giro de 180° que la dirige hacia Dios, es, precisamente, el esoterismo...

Es interesante observar que la grafía de la letra Áleph (א), cabeza del abecedario hebreo de valor numeral 1, se efectúa con tres trazos: el oblicuo es la letra Wav (ו, valor 6), y los dos que arrancan a lado y lado son cada uno la letra iod (י, valor 10). Bajo este punto de vista tradicional, el Áleph tiene el valor de 6 + 10 + 10 = 26. Es el mismo que el del Tetragramatón YHWH (יהוה) = 10 + 5 + 6 + 5) = 26. El Aleph es, pues, YHWH. Alude directamente a la trascendencia latente antes de la creación del mundo, que se encuentra bajo lal autoridad de la letra Beith, capitular del libro del Génesis.

Es curioso que el Nombre sea preferentemente tetragramático, y de este modo oponible a las direcciones del espacio o a los elementos. Entre ellos contamos el tetragrama mismo, y también אדני (Adonai = mi Señor; Dios), אהיה (ejyiéh 314) y אגלא (Agla). *"'agla"* es la notarikón «לעלם אדני» אתה גבור» ('atáh gebor le`olám 'Adonai» = *"Tú eres el fuerte para siempre, oh Señor"*).

Iniciación

La iniciación (sacerdotal, caballeresca, artesanal) es ponerse en camino, una propedéutica que progresa por altos, no habiendo retroceso posible desde cada nivel. El Espíritu sopla, y su finalidad es trascendente. De no serlo, hablaríamos de una *paideia* para una formación global; lo que no es poco. Pero la iniciación tiene como meta al Dios inalcanzable, con el propósito de alcanzarlo. Y ya sabemos que el Profeta no llegó, en la noche del destino, sino a la distancia de «un tiro de arco o algo menos». El viaje se inicia en el hombre, pero no concluye. Quiere trascender.

El masón Paul Naudon estima que «la forma más antigua, profunda y célebre de la vía iniciática, que precisa un previo estado de gracia tras una dura y severa preparación física, psíquica e intelectual, fue la de los misterios: misterios egipcios, griegos de Eleusis y misterios órfico-pitagóricos».[45] Recoge la creencia de que el hierofante debía ser de la familia del fundador de los misterios (ejemplo de Eumolpo, hijo de Neptuno, primer sacerdote de Ceres y de Baco), lo que marcaba el lazo necesario en la filiación tradicional. Esta condición que acredita la derivación de una fuente de la que todo procede, es fundamental, pues nadie sin investidura puede pretenderse cabeza de una cadena iniciática. Lo vemos cumplido al milímetro en el cristianismo, y también en el esoterismo islámico. En los misterios órfico-pitagóricos, inicialmente definitorios de la materia, el descenso del Espíritu y su influjo trascendente, del dios del panteón al recipiendario, del iniciador al iniciado, no se atestigua sino en el mito. Actúa bajo forma de una dramaturgia divina, señalando el punto culminante de la filo-sofía y de la reflexión griegas. Son el fruto –el mejor– de la meditación y del pensamiento inmanentes.

---

45. Paul Naudon *La Tradition et la Connaissance Primordiale dans la Spiritualité de l'Occident,* Dervy, París, 1973.

Billete de dolar
con motivos de los Illuminati

Es más que un psicodrama: la iniciación es la muerte a la vida profana, y la resurrección al mundo de iniciados.

Decíamos en una obra anterior [46] que la iniciación es el rito por el que un candidato cualificado queda integrado en una organización «iniciática», rito que, cumpliendo lo que promete, hace descender sobre él una energía suprahumana. Es de lo que hablamos. Utilizar el concepto *suprahumano* puede sorprender en tiempos –los nuestros– en los que todo es «humano, demasiado humano», y nada angélico o divino. Pero no hay otra manera de decirlo.

Transmite el Espíritu. Transmitir el Espíritu no es lo mismo que penetrar el mental. No es el trabajo psicoanálitico de inmersión más allá del subconsciente, hasta los uró-

---

46. *Los Illuminati. La trama y el complot*, Ediciones Obelisco, Barcelona, 2004.

boros que engloban y acaso nutren nuestro ego fantasmal. El Zen utiliza vías paradójicas para romper el mental, esa cáscara que impide acceder a la claridad del puro espacio de la contemplación. Y hay otras ofertas, incluyendo las filosóficas. No hablamos de ello.

Para Luis-Claude de Saint-Martin, el «filósofo desconocido» del que ya hemos hablado, «nada más conforme a todas las verdades expuestas, que el uso de las iniciaciones en todos los pueblos; nada más análogo a la situación y a la esperanza del hombre que la fuente de donde fluyen dichas iniciaciones, y la finalidad que con ellas se han propuesto: anular la distancia entre la luz y el hombre, y aproximarle a su Principio, reestableciéndole en el mismo resplandor que poseía en el comienzo».[47]

En un sentido global, la iniciación para restablecer al hombre en su antiguo esplendor, es de siempre, y su valor es propedéutico. Son, también, las pruebas de paso del adolescente al mundo de los adultos, es decir, las formalidades que verificaban que un hombre lo era. Son de todos los mundos y tiempos, y Occidente no quedó nunca al margen. Su valor *prima facie* es antropológico y es inmenso, pues predica, acaso más que nada, del empeño y del propósito del hombre en su ansia de serlo. Y de la mujer, de modo soterrado, distinto, y acaso más sofisticado.

47. cfr. *Tableau naturel des rapports qui existent entre Dieu, l'homme el l'Univers*, Edimburgo, 1782.

Masónica iniciación

En Masonería la palabra *iniciación* (propiamente la del Aprendiz) aparece por primera vez (nótese bien) en 1801, haciéndose oficial en las Constituciones del Gran Oriente de Francia a partir de 1826. Es una palabra polisémica susceptible de mil vericuetos. Sin embargo, entre la iniciación *artesanal* de los auténticos antiguos gremios y la Masonería simbólica, no se aprecia una continuidad, sino más bien lo contrario.

Cierto que hay –y por causa– similitud formal entre la recepción masónica actual y la iniciación a los misterios de la antigüedad. Demasiadas veces, y es muy sintomático, la iniciación queda a nivel de una simple introducción al método masónico para el crecimiento personal.[48] La Gran Logia

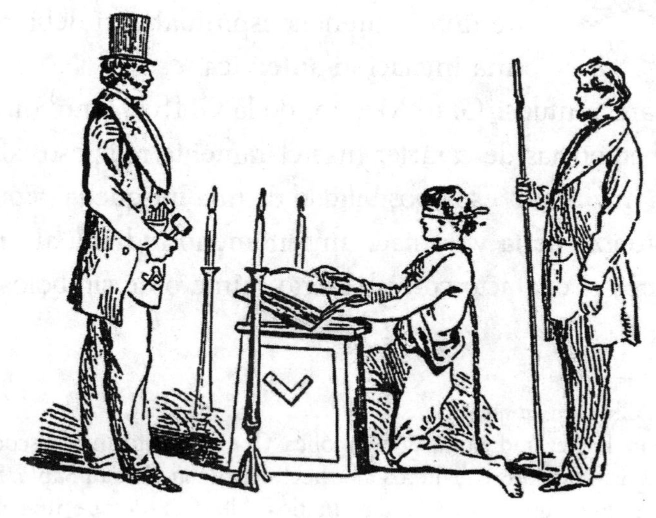

Iniciación

48. cfr. Alain Bocher, de la GLTS Opera. Autre Monde, 1.° Trimestre 1990.

de Francia (obediencia reconocida como regular por la Gran Logia de Inglaterra), que practica el REAA, pensará de otro modo.

Se confunde la iniciación –muchos Altos Grados– con una «experiencia individual de orden espiritual», y por ello mismo *secreta* (secreto masónico) e incomunicable. Se exige de quien la solicita cierta predisposición para la inteligencia de los símbolos. Se afirma que el ritual es «capaz de transmitir al neófito un dinamismo que favorezca su evolución y su perfección»,[49] y habría que ver el *quid* de ese «dinamismo»: si se trata de un *clic* meramente psicológico, de una dramaturgia eficaz que actúa como placebo, o bien del descendimiento *ex opere operato* de una influencia espiritual. Así debiera ser una iniciación auténtica.

Iniciado

Marc Santucci, Gran Maestre de la GLTS Opera[50] (una de las Obediencias de carácter más claramente religioso) afirma que la iniciación «es la posibilidad de una búsqueda personal, un esfuerzo de la voluntad, un fenómeno individual provocado por el contacto con un cierto número de símbolos a lo

49. cfr. Ghiblim, *ut supra*.
50. Gran Logia Tradicional y Simbólica Opera. Practican el escocismo rectificado de los caballeros bienhechores de la Ciudad Santa. En las citas que siguen sobre determinados Altos Grados de una u otra Obediencia, hemos privilegiado como fuente el número especial (4° trimestre de 2003) de *La revue de la Grande Loge de France – Points de Vue Initiatiques – Paroles de Grands Maitres*, y la revista *Autre Monde*, n.° 120, 1.° trimestre 1990, *Franc-maçonnerie et Initiation*.

largo de un ritual bien dosificado, que causan reacciones psicológicas modificadoras del psiquismo». No es de lo que hablamos. Evidentemente no tiene que ver con un descenso gratuito del Espíritu, sino con un esfuerzo de la voluntad, y una modificación del psiquismo... Acaso debemos resignarnos a la idea de una iniciación voluntarista, al margen de si sucede en el estricto respeto del carisma masónico.

Según la mayoría de autores la iniciación masónica presenta dos aspectos: el rito en sí mismo y la experiencia personal de orden espiritual, que es donde reside el famoso secreto: la incomunicabilidad. Pero la iniciación no es la huella que pueda dejar el ritual en el imaginario de quien la recibe; en cuyo caso el símbolo, permanente e inmutable por definición, se transforma para el recipiendario en una verdadera *hermenéutica* EXPERIMENTAL. Pero la experiencia personal no es lo que cuenta en una iniciación que «es o no es», pero que no puede limitarse a ella. Jean Reyor, guenoniano de estricta observancia, en su «Carta a un joven Maestro Masón», dice bien que hay que dejar de considerar a la iniciación como una experiencia.[51] Lo que cuenta es la validez eficaz de *sacramental* que debe revestir e investir la ceremonia; y cuenta la cualificación del receptor, aunque no apre-

---

51. «*Il faut que vous cessiez de considérer votre initiation comme une "expérience", car expérience implique dualité. Il faut que vous vous identifiez à votre qualité de Maçon et non pas que vous vous regardiez jouer le rôle d'un Maçon avec l'idée que demain peut-être, vous quitterez ce rôle pour en choisir un autre. Comment voulez-vous que l'Esprit recteur de l'initiation maçonnique fasse élection d'un support aussi peu sûr ? Car, en Maçonnerie comme ailleurs, il y a beaucoup d'appelés et peu d'élus*». «Lettre à un jeune Maître Maçon», *Le Symbolisme*, Sept./Oct. 1953.

cie el más mínimo cambio ni experiencia interior. René Guénon, masón que frecuentó diversas obediencias, lo explica perfectamente en varias ocasiones.

Por ello parece errado afirmar que «su significado [de la iniciación] ni es ni evidente ni secreto, porque sólo depende de la capacidad intelectual de comprensión»[52], a saber, un simple método de autoayuda, como también dijo otro masón: *it is [Masonry] a spiritual pathway to self improvement*... Ni tampoco se limita ella a romper con los antiguos modelos y situaciones, rechazando los caminos trillados[53]...

Para Jean Baylot (de la GLNF), no sería un *a fortiori* y ni siquiera indispensable que la iniciación nos elevara a Dios, en un proceso sostenido de deificación, pues «si no conduce a Dios, permite al menos señalar caminos, requerir la necesidad iniciática y compartir el descubrimiento propio con los demás iniciables. Es un medio de comunicación y comunidad con un grado elevado de realización espiritual».[54] Acepta como posible que «no conduce a Dios», y la estima «un medio de comunicación y de comunidad»... ¿Cómo oír tales cosas sin abucheo?

---

52. *«Its meaning [de la ceremonia de rececpción] is neither secret nor open because its depend on one's own individual understanding...»* Piatigorsky, *Freemasonry*, the Harvill Press, Londres, 1997.
53. *«...Its means a break-away from the old method and order of life, a turning away from the pursuit of the popular ideas...»* W.L. Wilmshurts, *The meaning of Masonry*. Londres, 1932.
54. *«Si elle ne conduit pas à Dieu, elle permet d'en retrouver les voies, d'en requerir la nécessité, et de partager sa propre découverte avec les initiables. Elle est un moyen de communication et de communauté, à un degré élevé de réalisation spirituelle»*, cfr. Jean Baylot, *La franc-maçonnerie traditionnelle*, edition Vitiano, París, 1972.

La iniciación auténtica (que es de la que se trata) es «ontogénica», añade al ser, esto es, *imprime carácter* indeleble, en cuyo caso sólo se puede recibir una vez.[55] La ganancia es definitiva y sin retroceso. La pregunta consistente es si, paralelamente, el rito masónico *imprime carácter*. En cuyo caso se niega que su eficacia pueda ser «relativa», limitándose a impregnar el mental de quien la recibe en mayor o menor cuantía...

Para Gérard Kloppel, Gran Maestre Mundial del Rito Antiguo y Primitivo de Memphis-Misraim (obediencia claramente irregular[56]), «consistiendo la iniciación en una experiencia personal, será siempre difícil utilizar palabras para describirla; es un poco como si se quisiera narrar un psicoanálisis...» De mal en peor.

J. R. Ragache,[57] después de *confesar* lo poco que se parece la iniciación moderna a las antiguas introductoras de los *misterios*, afirma que el trabajo masónico es «un aumento» cuyas etapas vienen marcadas por los diferentes grados: el primer grado, marcado completamente por la verticalidad, es de *introspección y análisis interior*; al segundo grado le corresponde

---

55. Es el caso de los sacramentos cristianos del bautismo, la confirmación (con polémica) y el Orden que, *imprimiendo carácter*, se reciben una sola vez en la vida. Es la unción del Espíritu Santo donde «Dios marca su sello» (Jn 6, 27).

56. Decíamos en una obra anterior que para René Guénon la regularidad queda definida por los ritos, la organización y el origen. Los ritos no deben haber sido alterados desde su fundación, al menos en lo esencial. Para ser válidos, contienen a la fuerza un elemento no-humano del que deriva la eficacia del rito, etc. Si con tales criterios falla la regularidad de una logia, la conclusión es que no tiene carácter iniciático, sino que se trata de un club social, ateneo u otra cosa.

57. Gran Maestre del Gran Oriente de Francia.

un ensanchamiento de la conciencia simbolizado por el acceso a la horizontal; y para el tercer grado, una proyección cósmica. Siempre los posibles y tentadores frutos del esfuerzo personal. El árbol de la ciencia contra el de la vida.

Esa verticalidad que marca la iniciación del aprendiz no se limita a ser un *in ire* ni el *in ítere* de quien se pone en marcha, sino el descenso del Espíritu que se posa sobre él, ese «elemento no-humano» que dice René Guénon. La iniciación –última vez– es la transmisión canónica de una influencia espiritual de iniciador a iniciado, con la que éste puede restaurar en sí, progresivamente, el *estado primordial.* Más allá, sobrepasando el humano y en sostenida tendencia a la unidad con el «Principio», tiende hacia otros estados superiores. Es decir, podríamos defender que esa otra verticalidad sobre la que se *proyecta* el Maestro hacia la realidad cósmica, no es tal, sino el efecto de dar la espalda a todo lo mundano, encarando la trascendencia. Quizás se nos retorque que esta concepción, en todo caso, corresponde a la iniciación sacerdotal, y no a la artesanal ni caballeresca, que es por donde andamos.

El Abate Henri Stéphane[58] sostiene simplemente que «los términos esotérico e iniciático no son totalmente sinónimos [...] El esoterismo se refiere a la dimensión más interior de una doctrina que, correlativamente, comprende una dimensión más exterior: el exoterismo. Iniciático se aplica preferentemente a los ritos que permiten realizar espiritualmente lo que da a conocer la doctrina esotérica.»

58. cfr. *Introduction à l'Ésotérime Chrétien* de l'Abbé Henri Stéphane. Ed.

Frente a las dificultades históricas para acreditar en Masonería la cadena iniciática, el autor antes citado (D. Ghablim) prefiere recurrir a una hipótesis importante. La Masonería transmite la iniciación bajo una forma particular, ligada a su propia tradición. Ésta no es sino una modalidad de la Tradición única de tiempo inmemorial [*from time immemorial*]. De ella se deducen todas las demás, por aplicación en el orden contingente de la potencialidad que contiene. Es en este sentido como Anderson, en sus Constituciones de 1723, hace remontar el origen de la Masonería al mismísimo Adán, que «enseñaba la geometría a sus hijos». Lo habíamos ya dicho antes, y añadíamos que de allí pasó a Noé, a los egipcios, a los griegos, a los romanos y últimamente a los sajones…

Para Guénon y los que de él se reclaman no habría en Occidente sino dos sociedades iniciáticas, la Masonería y el Compañonaje, ya que sólo ellas «pueden reivindicar hoy un origen auténticamente iniciático, y la posesión de una «influencia espiritual» transmitida sin interrupción de edad en edad, influencia sin la cual no hay iniciación posible».[59] La Masonería, «arca de los símbolos» (Roman *dixit*), sería el único «lugar» de encuentro de las diferentes tradiciones iniciáticas. No sería ella misma confesional, aceptando miembros al margen de cualquier tradición específica. Sería la heredera de todas ellas, una vez éstas se vieran en trances de

59. cfr. por ejemplo el artículo de André Bachelet «Denys Roman et "L'Arche vivante des Symboles"».

desaparición. Antes de su fin, podrían transmitirle su depósito «por no ser [la Masonería] extranjera a ninguna tradición particular...». De ahí el papel «preservador» que le atribuye René Guénon.

Simétricamente se cuestionan la pregunta que se hace Guénon sobre «si la Masonería tiene un origen único, o bien si, ya desde la Edad Media, no ha venido recogiendo la herencia de múltiples organizaciones anteriores»[60], lo que explicaría la presencia en su seno de elementos extraños al arte de la construcción.

Entre las herencias recibidas desde la Edad Media contaríamos el orfismo, el pitagorismo, y los *collegia fabrorum*. Por aquí es por donde quedaría la Masonería vinculada a la mítica tradición primordial, vía Pitágoras y el Apolo hiperbóreo. Voluntarismo.

En este amplio contexto que justifica gratis cualquier pretensión, se produce la «filiación espiritual templaria y la integración del hermetismo en el seno del orden masónico, con su simbolismo particular y la estructura metódica y poderosa que lo acompaña». Y más abajo puntualiza: «en cuanto al esoterismo cristiano, refugiado en la Masonería tras las tribulaciones temporales occidentales, y tras el rechazo de todo esoterismo por las autoridades exotéricas, se habrá comprendido que viene vehiculado por la filiación templaria en sus componentes caballeresco y rosacruz. Y no se puede clausurar este ciclo de herencias sin evocar la del Santo Imperio, reabsorbido en la Masonería escocesa en el

---

60. cfr. *Études sur la Franc-Maçonnerie et le Compagnonnage*, vol. I, p. 208.

momento mismo en el que el Santo Imperio romano-germánico desaparecía de la sociedad profana a comienzos del siglo XIX. Verdadero triunfo de la Masonería, transformada así radicalmente, y cuyo carácter artesanal –limitado por naturaleza a los «pequeños misterios»– se abre a la influencia que emana del principio que rige la doble naturaleza del poder temporal y de la autoridad espiritual...»[61].

Habría muchísimo que comentar al hilo de cada bamboleante palabra, pero que pretende retumbar en los oídos de sinaítico modo. Mucho que comentar del insolente saqueo en los reductos de la Historia... como esa manipulación que afirma el componente rosacruz de los templarios (ya sería inconcebible abuso hablar del componente templario de los rosacruces...). Asombroso. Cierto que los esoteristas *à la page* suelen ser de un obediente y de una credulidad desconcertantes.

Al margen del sinsentido de un esoterismo cristiano ajeno a la jerarquía y que, perseguido y sin nada mejor que hacer, se habría refugiado en la Masonería, y aunque el texto dice no confundir los ámbitos esotérico e iniciático, la música que se nos toca es diferente. Es la de las supuestas herencias recibidas, que la Masonería transmite ahora en sus ceremonias de iniciación. Extrayéndolos de sus nostálgicas placentas evocadoras y, poniendo cerco a la auténtica historiografía, se apuntala así exactamente la legitimidad de Altos Grados, entre ellos los templarios, caballerescos, rosacruces, herméticos, etc. Tanto saqueo y rapiña no correrían al menos riesgo de sentido, si la Orden del Temple hubiera sido una sociedad iniciáti-

61. André Bachelet, *ut supra*.

ca al modo guenoniano, y lo mismo ese *universitas rerum* de rosacruces, iluminados, magos, alquimistas, etc., de los que al parecer se hereda. Se pueden inventar todas las fábulas que se quiera; los hechos son tercos, pertinazmente rebeldes al desiderátum y anhelos de los enamorados de disfraces.

En las logias se practican múltiples y diferentes ceremonias de iniciación, tenidas por tal. De modo –sin contradecirnos– que hay un punto de vista para el que no hay abuso en sostener que la Masonería constituye un Orden iniciático. El problema no es el de esas ceremonias, sino saber si verdaderamente confieren lo que significan, esto es, si tienen un depósito no humano válido y eficaz que transmitir, y capacidad y legitimidad para hacerlo.

Capítulo IV

Símbolos masónicos de iniciación

El guenoniano John Deyme de Villedieu[62] entiende el símbolo como un útil de trabajo. Al mismo tiempo nos dice que no hay Masonería sin ritos, ni ritos sin símbolos. Es justo. Nos recuerda que el símbolo es siempre inferior a lo que simboliza, lo que sigue siendo justo. Afirma al fin que el símbolo es un útil de trabajo: tratándose de la Masonería, esa definición le parece completamente adecuada.

Si nos atenemos a tal afirmación, es de lógica que un símbolo así concebido, siendo una herramienta, sea pasivo en manos de quien *lo utiliza.* Ahora bien, es justo lo contrario: el símbolo, lenguaje divino, manera como Dios se manifiesta, es siempre activo en relación con el hombre que, frente a él, es pasivo. Más que utilizar el símbolo, se trata de empaparse de él.

El simbolismo masónico es esencialmente el de los útiles del constructor; es un símbolo para el masón. Hay problema. En sí mismo el símbolo, manifestación del logos, no puede ser sino universal. No hay problema si consideramos que

---

62. «Outils et textes symboliques», *Vers la Tradition*, n.° 56.

estamos diferentemente cualificados, de modo que el intelecto del masón es más apto para el simbolismo que trabaja.

Ver el simbolismo que oculta un acontecimiento de la vida, una condición precisa, un útil de trabajo, etc., marca la más nobles de las conductas, la del hombre que reflexiona sobre todo lo circundante.

Para algunos estudiosos de la Masonería inglesa, conforme a los principios de la Gran Logia Unida de Inglaterra de 1813 y según el documento Regius, doce puntos originales constituyen la base del sistema y nutren la ceremonia iniciática. Nadie, legal y esencialmente, podría considerarse dentro de la Orden sin ellos. Cada masón ha pasado necesariamente por todos y cada uno al recibir el primer grado, y también al recibir los siguientes. Los doce puntos son:

1. Abertura
2. Preparación
3. Informe
4. Entrada
5. Rezo
6. Circumambulación
7. Progreso
8. Deberes
9. Investidura
10. Juramento
11. Esquina angular nordeste
12. Cierre

Y cada uno está simbolizado por una de las doce tribus de Israel.

Símbolos dobles

En la etimología de la palabra «símbolo» se incluye la idea de reunión de dos partes previamente separadas. De parecido modo, su práctica comprende a veces la inteligencia de dos elementos que se contraponen, de los que a veces el uno es antecedente del otro y el otro su consecuente; el uno relativamente activo y el otro pasivo. El punto de vista importa. Aun revistiendo cada parte la cualidad necesaria, ocurre como si el símbolo no se perfeccionara sino a la luz del uno y del otro; como si adquiriera un nuevo nombre que los comprendiera. Son símbolos dobles. Símbolos de iniciación. Es el caso, por ejemplo, del simbolismo de la piedra bruta y la piedra tallada, *ut infra*.[63]

Muerte y resurrección

Aunque en la «Cámara de reflexiones» el recipiendario ya se ha enfrentado con ella y dictado testamento, la muerte, de corazón de hierro, base de los estudios del 3.º grado, se practica en la logia en la también llamada *Cámara del centro*.

Cámara de reflexión

Es un atanor hermético, la «imagen del gran laboratorio donde se ope-

63. En el capítulo «El Templo y su orientación», desarrollamos este tema.

ran esas transformaciones infinitas»[64]. Esto de ser «del centro» parece hacer referencia a I Reyes 6, 8, cuando habla de las habitaciones *medianas* de la casa de Yahvé. En realidad, también los pórticos de los templos acuñan su propia *Cámara del centro*, esa línea que separa el tiempo que acaba del tiempo que principia.

Cámara o línea de entrada, vendría en relación con los andrófagos que los habitan. El profano que va a acceder al templo es devorado; y el sacralizado en el templo que va a salir a la plaza pública, es igualmente devorado, pues se trata de evitar la impureza de mezclar espacios.[65]

Dos columnas J & B

Algunos sostienen por análoga razón que las dos columnas J y B (*ut infra*) deben ser respectivamente blanca y negra, aludiendo a los principios de destrucción y de creación, de muerte y de *vida* (i.e., de muerte y de *resurrección*).

64. Citado por Jules Boucher, op. cit., p. 272.
65. Por ello el cristiano se santigua con agua bendita y así se purifica, al entrar y al salir de la iglesia. Siempre, por supuesto, que ésta tenga aguabenditeras activas…

Para el Maestro, la muerte se encuentra simbolizada con la tumba de Hiram, por encima de la cual *pasa* atravesándola tres veces (luego lo veremos estudiando los *pasos*); venciendo el mito hasta alcanzar el otro lado.

Su mejor símbolo masónico nos parece el del compás cubriendo la escuadra. En el centro de la figura que forman queda un espacio, y en él la estrella flameante. Es el triunfo definitivo del espíritu (compás) sobre la racionalidad (escuadra), junto con el testimonio del icosaedro conquistado, el renacimiento que la estrella anuncia.

Uno de los lados del delta sagrado △ también corresponde a la muerte, y los otros dos al nacimiento y a la vida. Pero el contornear el perímetro de los tres no concluye con la muerte, y la solución del enigma no está tampoco en la rotación acelerada del triángulo hasta devenir la rueda de las existencias; la salida pasa por su centro inmóvil. La respuesta la da el autor sagrado cuando dice: «yo doy la enfermedad y la salud; yo doy la muerte y la vida»:[66] primero dice la muerte, y después de la muerte dice la vida, en el orden que acabábamos justo de utilizar.

La muerte es un fenómeno que sufrimos varias veces a lo largo de nuestra biografía, sabiéndolo por experiencia, y hasta la podemos vivir pequeñamente todos los días por medio de la mortificación. Es más, ya hemos renacido (hablamos relativamente), siendo ésta de la resurrección la nota característica y *sine qua non* para el morir. Aquí la muer-

---

66. Véase Deut. 32, 39.

te es la entrada (*initio*), la puerta, y para cruzarla, los ritos de pasaje que ahora mismo estamos estudiando.

Perfecciona una labor general de limpieza, pues acaba con cuanto tenemos de perecedero y deleznable. Pero para que sea «real» como normalmente se entiende, y no sólo metafórica, esto es, para poder aceptar el argumento irrebatible del cadáver, debe contener las notas definitorias de cuanto es último. La confusión sólo viene al señalarla, si la limitamos al hecho biológico. El filósofo Vladimir Jankelevitch, que es uno de los que mejor la han estudiado (y que no nos da cancha alguna para nuestros puntos de vista), dice que «apenas ve lo que podría ser una "metafísica" de la muerte, pero en cambio se representa perfectamente bien una "física" de la muerte».[67] Aunque esta última, que conoceremos sin quererlo, es mucho menos interesante que aquélla.

Hemos *vivido* ya unas cuantas muertes: hemos muerto a la nada y nacido al ser, muerto a la vida embrionaria y nacido a la fetal, a la vida intrauterina y nacido a la luz, muerto y renacido en el bautismo, muerto a la niñez y nacido a la adolescencia, y luego lo mismo en relación con la vida adulta, muerto el Aprendiz en el nártex de su logia y nacido a los trabajos, etc. Cada vez, un cambio de estado. Hasta que podamos decir de un modo definitivo que hemos muerto a la vida y nacido a la resurrección. La creencia en el renacimiento es la más universal.

Antiguamente, junto al cuerpo de los fieles difuntos se colocaban en sus enterramientos veneras, conchas de San-

---

67. Vladimir Jankelevitch, *La mort*, ed. Flammarion, París 1966, p. 5.

tiago en cuya valva naciera Venus,[68] y también cántaros de agua llamados *danaos* con los que aliviar la sequedad de las regiones infernales bajo la superficie herbosa. Un viejo epitafio mediterráneo dice: «Estela del viajero de garganta seca, desea refrescarse y dilatarse». *Estela* es del griego y significa «yo peregrino», pues, mientras el cuerpo duerme, el alma viaja hacia manantiales de agua que, en opinión de los antiguos, están siempre en las antípodas. De ahí el cántaro y la venera con los que emprender el viaje y alcanzar las fuentes de vida y abrevarse.

Para abordar las antípodas hay que cruzar el río Leteo o letal, cuyas aguas tienen la propiedad de sumirnos en el olvido. De este modo la muerte, hija de la noche y del sueño, nos trae la amnesia profunda del pasado, del vivir. Al sueño siguen despertares, como comprobamos cada mañana. Los antepasados, que consideraron la vida terrenal como un mal sueño, vivieron orientados hacia un eón incorpóreo, de inmortalidad. De ahí la necesidad del olvido, cuyo objeto (la vida, el tiempo) es siempre *poros*, lo adquirido, el pasado; y *penia*, la necesidad.[69]

---

68. Costumbre que data del antiguo Egipto, de Creta en su época miceica, de la Grecia Ática, de Roma, etc. El bivalvo es el *Pecten Maximus* o *Pecten Jacoboeus*, en francés *mérelle*, es decir, *mater helios*, madre del Sol y de la Luz. En Galicia, cerca de Padrón donde recalara el despojo mortal de Santiago cubierto de vieiras, se encuentra la aldea de Merelle...
69. La disolución de *poros* y *penia* en el puro aoristo del Presente vendrían a reconstituir el Andrógino primordial, nuestra verdadera naturaleza no sujeta a la muerte. Lo avala el mismo Platón (*Banquete*) y, para algunos autores, aquí radicaría la más arcaica metafísica de los helenos (cfr. Grasset d'Orcet en varios de sus artículos publicados en 1889-1900 por la *Revue Britannique*, y especialmente en *Paphos, ses monastères et la fête de Venus*).

De este modo, los antiguos de la cuenca mediterránea pensaron que la muerte es sequedad necesitada de agua; que la estancia de los muertos son los infiernos, corrupción de *inferus*, de lo que está bajo tierra, que es donde emboscamos el cadáver. Es el paso por aquel Leteo en barca de Caronte, y el muerto, el viajero que se encamina hacia las fuentes de aguas vivas situadas en un más allá absoluto. Los mediterráneos y los del Próximo Oriente eligieron el símbolo del grano de trigo que se desciende bajo tierra, muere y renace en una espiga.

Iluminadora de la noche, las comunidades primitivas han visto en la lámpara de aceite el símil del hombre: un cuerpo de arcilla, frágil, impregnado de un aceite que seguirá ardiendo. En ella contemplaba el antiguo la arcilla que con un golpe se rompe; el aceite que arde, alma vegetativa; y el espíritu inmortal, que es la llama. Ofrecer una lámpara en un santuario es presentar ofrenda vicaria, pues somos como lámparas encendidas: cada hombre, una. Apagada, crece la noche y avanza el sueño del mundo; la llama se desvanece y no deja sino el pabilo carbonizado: ha partido para iluminar la ultratumba. El símbolo es perfecto y decalca el patrón del Génesis: el Alfarero nos modeló de barro, y el Árbol de Vida, según venerable tradición, es un olivo.

Sofocada la llama, el hombre muere, «el alma se va» (*'al nafás halás*), en palabras de la tradición islámica, seguidas de muerte. El alma se va como la llama de la lámpara que un soplo apaga, tan inmaterial e inasible como ella. Se va con el último suspiro. Cuando se trata de muerte natural, esto es, sin enfermedad, porque ya se ha cumplido con la vida, el alma se va en el último aliento aligerada y alegre. Este buen morir (atribuido a Moisés) fue conocido como la muerte *por el beso de Dios* (`al pi yáh).

Si cercanos monumentos escenifican la muerte en efigie pálida y demacrada, con el rostro velado y portadora de la guadaña (como también vemos en logia), un pensamiento ancestral la representa mejor con la metamorfosis de la mariposa, como ave remontando el vuelo, en la rosa que se marchita, en el Ave Fénix y en el Pelícano. Más que la vieja y parca dama, la antigüedad clásica veía la figura del niño en brazos de su madre, la noche. Es niño, por cuanto inmutable, el alma nunca envejece. Porque no hay muerte que no sea prematura. El alma del difunto es siempre un niño raptado, Hilas robado por las Ninfas o Jacinto arrebatado por Apolo. Aquejado de grave enfermedad, el rey Ezequiel, ya anciano, justamente se exclama: «en el me-diodía de mis días me voy a las puertas del Seól, privado de lo mejor de mis años».[70] El geronte nos enseña aquí esta gran verdad: siempre se muere en la mitad de la vida.

En numerosas culturas los muertos eran contados entre las divinidades tutelares manes a las que se invocaba, ofreciéndose fiestas ferales, exvotos y sacrificios. Es siempre el mismo pensamiento, que en ultratumba ve a la verdadera vida. Para los egipcios el alma del difunto, inhumado con su viático, partía hacia el Amentes tras peregrinar por las regiones occidentales y someterse a la pesada de almas.[71]

---

70. Isaías 38, 10.
71. El tema de la «pesada de almas» es también un clásico del románico y (fundamentalmente) del gótico europeo. Es san Miguel Arcángel quien oficia de psicopompo, ubicándose siempre la escena en las fachadas occidentales (de *occidere*, de «ocaso», de muerte), como vemos en la Catedral de León, en Nôtre-Dame de París, etc.

Al morir, los hebreos, que abominan el culto de los muertos, pasan a «reunirse» con sus padres.[72] El destino final del viaje para el griego eran los tormentos del Tártaro o los Campos Elíseos, según cuál fuere el resultado del examen de la vida.

Pero en sus albores como en sus momentos de esplendor, el pensamiento ancestral va más lejos, dando a luz en amplias latitudes al principio de la resurrección de los cuerpos. De ahí la práctica misma del enterramiento; la idea asociada de *ka* o «doble» que exige procedimientos de viático, conservación y momificación. Desencarnada, tras superar los bardos o pasajes, el alma animará nuevos cuerpos, conocerá nuevas vidas que repetirán la vida tantas veces como continúe sujeta a la ignorancia.

Si, hallándose las culturas y los pueblos en su vigor, se mantiene intacto el concepto de resurrección, su decadencia coincide con una pérdida de significantes, aun si no se asume a la muerte como fin total de la persona. Los manes, que permanecían vivos en ultratumba, devienen con la decadencia del Imperio las larvas o sombras (*larvae*). Descendidas a los infiernos permanecerán inactivas, sin recompensa ni castigo, pero con la posibilidad de molestar a los humanos que, en febrero, tendrán que apaciguarlas con las comidas fúnebres de los *dies parentales*. Se perforarán aquellos cántaros *danaos* de los enterramientos (sobre todo los femeninos) para evitar que, revivificadas por el agua, las

72. Génesis 25, 7: «y desfalleció y murió Abrahám... y 'se reunió con sus padres' (wayi'asef el-amaw)». Igualmente cfr. Gén. 35, 28 y 49, 33, en relación con las muertes de Isaac y de Jacob, etc.

almas de los muertos nos vampiricen. Para el pensamiento saduceo, éstas se fusionan en el Seól, silenciosas y morosas, igualmente sin recompensa ni castigo. El materialismo de la época clásica alcanza sus más altas cotas con cínicos y epicúreos[73] que, desdeñosos ante el horror de la *pallida mors*, predican el «comamos y bebamos, que mañana moriremos».[74] Incentivo para el placer de estar vivo los griegos, en sus banquetes, exhibían ante los comensales un esqueleto articulado, como comprobamos en el *Satiricón* de Petronio: no obstante, el aguafiestas Trimalción se exclama al verlo: *sic erimus cunctis postquam auferet Orcus* («así seremos todos cuando nos lleve el Orco»)... Son épocas en las que el mundo declina. Nada más opuesto a los contenidos pedagógicos del *memento mori* monoteísta.

Por encima de cualquier avatar la constante que subyace, monoteísta, es la dulce esperanza de la resurrección. El pensamiento saduceo al que tanto se alude, que responde al argumento del cadáver, a la evidencia de «quien desciende al Seól, ya no se levanta»,[75] no es sino la figura cautelar que salvaguarda la urgencia de esta vida. Lo vemos en epigrafía. El epitafio más universal es «descanse en paz», el RIP, ya profuso en la antigüedad con la repetitiva fórmula *en irene quimesis su*, idéntica a la romana *dormitio tua in bono* o al *hinc requiest in pace et irene*. En efecto, el griego *koimeterión*, cementerio, significa literalmente «dormitorio». Se comple-

---

73. Anacreonte, Horacio, etc.
74. El *cras enim moriemur* que predicara Eurípides. Citado por san Pablo en 1 Cor 13, 32.
75. Job 7, 9

tan con inscripciones monogramáticas de carácter votivo, como el DM (*Deis Manibus*), el STTL (*sit tibi terra levis*) y otras muchas.[76]

Jano

El término iniciación, de *initio*, entrar, alude indirectamente a la puerta (latín *janua*), y el concepto responde directamente a su simbolismo. Y como el dios Jano tiene la particularidad de presentar dos rostros que se oponen, siendo así llamado *bifronte*, se deduce que la situación planteada es la de dos puertas y la de dos situaciones (dejamos de lado al Jano cuadrifronte).

---

76. Otras inscripciones catacumbales, éstas hebreas, incluyen la fórmula «*partió para el Paraíso*», inaugurándose en epigrafía las esperanzas de resurrección. Un epitafio en escritura cuadrada de Brindisi, fechado en el año 832, dice: *Aquí yace Lía hija de Yehfeh Mazal, que murió en el año 764 de la destrucción del Templo a la edad del 17 años. Quiera el Eterno concederle la resurrección junto con las piadosas mujeres, y pueda ella entrar en la paz y reposar en su lugar de reposo. ¡Guardianes de los tesoros del Jardín del Edén, abrid para ella los umbrales del Jardín del Edén, para que ella pueda entrar en el Jardín del Edén! ¡Abrid para ella las puertas del Jardín del Edén, para que pueda poseer delicias a su derecha y dulzuras a su izquierda! ¡Pueda Él contestar y decirle: es mi bienamada, mi compañera!* En León se encontró el siguiente del siglo XII: *Esta es la tumba de Rabí Joseph, hijo de Aziz el herrero, que murió a la edad de 65 años, en domingo, el 15 del mes de Kislev, en el año 861 conforme a la datación de la ciudad de León. Pueda el Santo-bendito-Él concederle su favor, perdonar sus pecados, olvidar sus caídas, apiadarse de él, acogerlo en su lote al final de los días y resucitarlo para la vida del mundo futuro...* De este modo podríamos continuar con los testimonios que sobreabundan, que dan rotundo mentis al más tardío y tétrico –y realista según se mire *lasciate ogni speranza, voi ch'entrate!...*

En posesión de dos rostros, es más que el dios de la puerta, es el de las transiciones y de los pasajes; el de las diferentes iniciaciones, angélicas e infernales, pues contiene esa nota de oposición que no es de enfrentamiento, sino, adosados por la nuca, de darse la espalda. Y es el dios de la iniciación a los misterios, el patrón de los *Collegia fabrorum* a los que místicamente se remonta la Masonería. Detiene las llaves de las puertas solsticiales, puertas de los dioses y de los hombres, *Janua inferni et Janua cœli.*

Da nombre al mes de enero: «Numa no se olvidó ni de Jano ni de las sombras de nuestros antepasado, y antepuso dos meses a los primitivos».[77] El segundo de los antepuestos fue *Febrarius,* siendo *februa* las sombras citadas de los antepasados. Y el primero *Januarius,* el mes de Jano, pues con sus dos rostros va a ver con una sola mirada el año que nace y el que acaba de fenecer, y por la misma razón le estaba dedicado el día primero de cada mes. Ambos rostros miran igualmente, el de la izquierda hacia Occidente, hacia la oscuridad; y de la derecha, hacia la luminosidad de Oriente. Y es muy interesante esta sabiduría de los antiguos, que no querían ver el futuro sino a la luz del pasado; y acaso, en un increíble *tikkun* o corrección, que no querían ver el pasado sino la luz del futuro...

Ovidio Nasón se exclama: «¡Jano bicéfalo, origen callado del año que se desliza, único de los celestes que ves tus propias espaldas!». Y más adelante añade: «¿Qué dios diré que eres tú, Jano bifronte? Pues Grecia no tiene ningún numen parejo a ti. Y a la vez revela el motivo por el que eres el único entre

---

77. Véase Publio Ovidio Nasón, *Fastos,* ed. Gredos, Madrid, 1988.

los celestiales, que ves lo que está a la espalda y lo que está delante». Añade luego que, dios de las puertas, lleva el báculo del portero en la derecha, y la llave del portero en la izquierda. Lo que lleva, en cambio, es bien distinto: el cetro en la derecha, significando el poder real, y una llave en la izquierda, que es la de los misterios: el poder sacerdotal. Ya no estamos ante los «pequeños misterios» ni ante consideraciones menores, como esa función protectora de las puertas de las casas, impidiendo el acceso de los espíritus maléficos.

Jano

Jano es también el anagrama de Juan, y Juan es igualmente del latín *janua,* puerta. Además no hay un Juan sin el otro, porque hay dos juanes. Los veremos al tratar de las puertas solsticiales.

Ahora bien, como puerta importante, tenemos la estrecha que da paso al Reino de los Cielos.

Las puertas solsticiales

El 24 de Junio el Sol está en el trópico de Cáncer. Ha ido ascendiendo durante seis meses, y ocupa ahora el punto más alejado del ecuador. Allí parece estacionarse unos días. El Sol se para: *sol-stat.* Es el solsticio de Verano. A partir de entonces va a disminuir la luz hasta Navidad. En la noche más larga, en el máximo de oscuridad, el Sol resurge de nuevo y crece.

Se cumple admirablemente la profecía de san Juan Bautista, «es preciso que Él crezca y yo disminuya» (Jn 3, 30).

En el máximo de luz, debemos tenernos prestos para una aminoración que quizás nos lleva desde nosotros hasta nosotros. El máximo de oscuridad es el preámbulo de la esperanza, y el hombre encuentra todo su contento.

Se produce un movimiento perpetuo entre la noche y el día, la muerte y la vida, el negro y el blanco del damero del templo masónico, que nadie puede hollar durante la tenida. El Venerable que, en cuanto deje de serlo, como saltando de uno a otro solsticio ocupará obligatoriamente la última dignidad de portero o cubridor, progresa por la línea inextensa entre ambas ofertas. Mientras, en su carrera, el Sol lo tienta a derecha y a izquierda. Jano, el dios de doble perfil, contempla a la vez los *landmarks* de la disyuntiva, y permanece guardián de las llaves de los dos solsticios, de oro para la vía ascendente de la luz, y de plata para la descendente. La *puerta de los hombres,* correspondiente al solsticio de verano, da acceso a los *pequeños misterios,* que transcurren por el mental y el psiquismo. Y la *puerta de los dioses* en el solsticio de invierno, a los *grandes misterios*: el hombre se eleva del estado humano al suprahumano o espiritual. Todo ello se cumple en el plano astronómico del corazón interior y de la pulgada cuadrada.

El viaje iniciático

Los viajes son un conjunto de pruebas a las que se somete el candidato al grado masónico, para su iniciación, o para su aumento de salario.[78] Son viajes sin desplazamiento; un cuadro de trabajo concreto sobre sí mismo, bajo el patrocinio y el símbolo masónicos. Como en toda realidad simbólica se viaja hacia el centro, hacia la verdad, y hacia la inmortalidad.

Quizás no haya otros destinos que merezcan abandonar la *tranquillitas* del cotidiano *voyage autour de la chambre.* La salida de Egipto, la travesía del desierto, el viaje a Santiago o a Jerusalén, son viajes al centro. El del vivir, lo es en busca de inmortalidad. El viaje interior, iniciático, lo es en busca de la verdad, y el masónico al través de los grados son las etapas del camino. Somos viajeros a la fuerza; viajeros del retorno. El francmasón Louis Claude de Saint-Martin forjó, como ya hemos visto, el concepto de *noble viajero* tan querido por O. W. de Lubicz Milosz. Y no se trata de esos caballeros medievales que, en sus viajes, tenían el privilegio de aposentarse en la *domus ecclesiæ,* el palacio del Obispo, sino de los que persiguiendo la verdad, viajan al Centro, el lugar de la inmortalidad.

Ya hemos visto antes lo que en logia es, precisamente, la Cámara del centro, donde místicamente va a producirse la transformación. Allí arribará el Aprendiz en su primer viaje. Es la decisión de entrar en logia. En la citada cámara anticipará su propia muerte y, suscrito testamento y ya como renacido en ciernes, viajará a la puerta del templo donde va a salvar su vida. El viajero habrá llegado a casa.

Desde otro punto de vista los viajes, hasta cinco en número, son los correspondientes a la atribución de los diferentes

---

78. Eufemismo para pasar de un grado a otro.

instrumentos de trabajo. Se somete al Aprendiz a diversos viajes o trabajos donde, como el Sol atravesando el zodiaco o como esforzado caballero, deberá superar diversas pruebas.

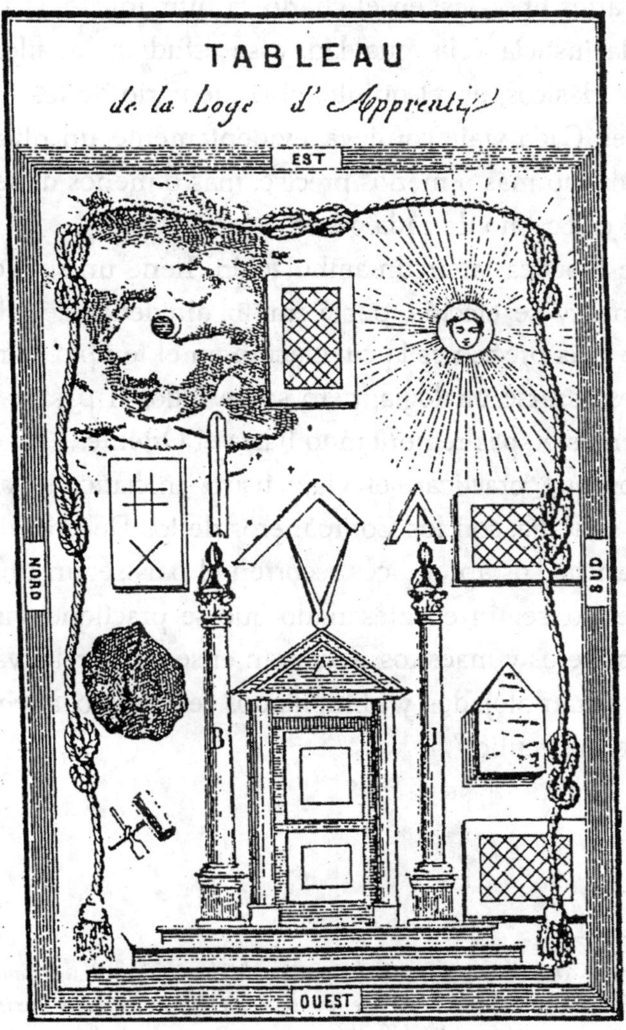

Cuadro de la Logia de Aprendiz

Ejemplo de la de los cuatro elementos, que deberá atravesar. También los viajes que emprende el Compañero son cinco. En el primero visita los cinco sentidos; en el segundo, los cuatro órdenes de arquitectura; en el tercero las ciencias y las artes liberales; en el cuarto, la humanidad, la fraternidad, la justicia y la igualdad, y se estudian los filósofos y sabios clásicos; en el quinto, el comentario de los distintos rituales. Cada viaje conlleva, evidentemente, un ritual y un formalismo más o menos preciso, más o menos dependiente del catecismo de cada grado.

Se practica la circumambulación. Tiene un sentido procesional, y se efectúa, por ejemplo, alrededor del altar. De modo más preciso es la circulación en el templo, la manera de desplazarse en logia; pero sobre todo, el pasaje por las diferentes etapas remontando hasta el Oriente.

Los que practican el viaje físico, iniciático y pedestre hasta hoy día, son los Compañeros de los Deberes del Tour de Francia. Los aprendices recorren el país según un circuito preciso, según el artesanado que se practique, visitando Compañeros y maestros. Recibirán enseñanza relativa al oficio, y serán alojados y alimentados recibiendo, además, un pequeño peculio.[79]

---

79. *De tous temps les compagnons charpentiers des devoirs du Tour de France ont facilité le voyage qui, sous le nom de Tour de France, forme les jeunes ouvriers dans la pratique du métier et les difficultés de la vie. Pour cela, ils leur assurent accueil, appui matériel et moral, leur procurent travail et groupement fraternel.* De los Estatutos de la Sociedad.

En religión también se cultiva el viaje físico, y no nos referimos sólo a las peregrinaciones. Los jesuitas cuentan con un mes de peregrinación, a celebrar durante los dos años de noviciado: «es un ensayo de las correrías espirituales, a que están destinados los hijos de Ignacio en cualquier parte del mundo, a donde, por medio de la obediencia, los llamase la mayor gloria de Dios».[80] Para Furio Monicelli, que vivió la experiencia como novicio, «en medio del aprendizaje pesado del ritmo sostenido de la vida religiosa, la peregrinación representaba un momento de poesía y libertad, donde por primera y última vez todo quedaba abandonado al albedrío de esa Providencia a la que los viajeros improvisados se fiaban ciegamente».[81]

La cadena de unión

La cadena de unión nos parece una actualización espacial de la cadena iniciática temporal desarrollada en el curso de los tiempos. No tiene sentido, sino el de la *catena auri* que une el cielo y la tierra. No tiene validez, si un solo eslabón falta; y de ahí el interés de las instituciones tradicionales por

---

80. cfr. P. Francisco Javier de Idiaquez S.J., *Practicas espirituales para el uso de los hermanos novicios de la Compañía de Jesús de Villagarcia*, Bilbao, 1894. p. 135. El tratado regula externa e internamente, física y espiritualmente, cada minuto de peregrinación.
81 . Furio Monicelli, *Larmes impures – Le jésuite parfait*, ed. Gallimard 1990, p. 148. Es traducción del original italiano *Lacrime impure – il gesuita perfetto*. Hay versión castellana, con título algo diferente.

garantizar el estado incólume de la filiación que las trae hasta el presente. Nadie oculta la dificultad documental de la Masonería en este sentido. La cadena de unión que decimos, espacial y horizontal, se practica en logia cada uno con los brazos cruzados sobre el pecho y entrelazadas ambas manos con las de los dos hermanos que lo encuadran, formando corro. Simbólicamente nos parece sustituir a la famosa cadena iniciática vertical y temporal, a la que, en cualquier caso, no le es ajena. También, el poderoso influjo de la unión ritual de todos los hermanos en un aquí y ahora, es evocadora y concitadora de la egrégora del grupo, elevando la tensión y el nivel espiritual del conjunto.

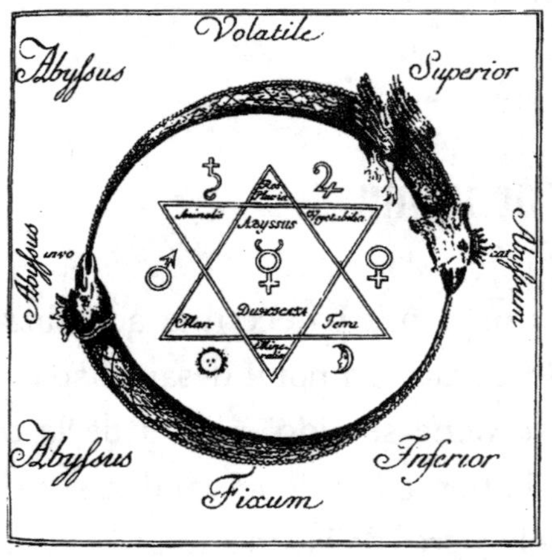

Ilustración de la Aurea Catena Homeri *(1781)*

Inútil decir por obvio que cada hermano constituye un eslabón de esta cadena espacial. Y así como la comunión concluye la Misa, igualmente, con este íntimo y mágico rito de comunión fraterna, en circunstancias especiales concluyen los trabajos de la tenida, justo antes de la clausura del templo.

Según los comentaristas, esta cadena unánime es el escudo protector; le da el necesario punto de apoyo para hacer del bloque mucho más que la suma de sus elementos, garantizando su irradiación. Crearía un poderoso campo de fuerzas que el Venerable sabría dirigir. Rito *mágico,* lo interesante, si no peligroso y como *prohibido,* es que se forme la cadena para una finalidad precisa, o incluso –operación de pura magia ceremonial– en torno a una sola idea...

Se rompe la cadena a la voz de mando, tras un triple apretón de manos y un triple balanceo de los brazos. Precisa Jules Boucher que es entonces cuando se produce la «proyección» de la fuerza acumulada.

Los metales

Los metales son el fruto de los trabajos de los herreros, a veces excluidos de la comunidad como peligrosos especialistas de las artes infernales. Se ocupan *in fine* de la transmutación de los metales en el fondo de las grutas, con el yunque y el martillo, en el fragor y en el seno mismo del fuego. Sin engaño, podríamos traducir el pseudónimo Fulcanelli con la palabra de paso que representa; la del herrero.

En las puertas de su iniciación, tras evacuar el fúnebre y solitario gabinete de reflexiones en el que ha sido abandonado y donde ha dictado testamento (primer lugar de muerte y resurrección), como símbolo de haber recobrado la inocencia original, y obediente al antiguo rito iniciático y simbólico, se invita al Aprendiz a despojarse de todos los metales: monedas o billetes, anillos, cadenas, reloj, etc. Es el signo de desprendimiento, el indicador del trabajo que eleva de la materia hasta el espíritu... y, sobre todo una sabia precaución, por si acaso los metales pueden interferir en el flujo de las corrientes magnéticas que deben intervenir luego.

Por otra parte, el despojamiento de los metales y joyas y de todos los adornos metálicos, para devolverlos más tarde tras la ceremonia de recepción, indica claramente dos estados distintos de la materia: el impuro, y, habiendo alcanzado su grado de perfección, el de una materia nueva.

Con respecto al despojamiento de los metales, es interesante el *Discurso del orador conteniendo la explicación del Cuadro y de la Preparación, con exhortaciones y consejos*:

> Hermano, todo ha tenido que sorprenderle al abordar este lugar, donde todo caracteriza al francmasón, sea con relación a sí mismo, con relación a su Recepción. Se le ha dejado en un lugar oscuro entregado a sus propias reflexiones, para empeñarlo a pensar en el estado que quiere abrazar, tanto más grave para Vd. cuanto que no conoce las prácticas. Se os ha despojado de todos los metales y minerales, y esta ceremonia hay que entenderla de tres modos. El primero se relaciona con la construcción del Templo de Jerusalén por el Rey Salomón, en cuya ocasión todos los materiales habían sido preparados de tal modo, que no se oía ningún instrumento de hierro. Es el sentido alegórico. Como buscamos a hacer revivir la Edad de Oro, y como en esos tiempos se ignoraba el uso de los perniciosos metales, hoy en día objeto de la codicia de los hombres, el segundo es que queremos apartar todo cuanto pueda alterar la pureza, y es el sentido moral. El

tercero, en fin, es para prepararle a una expoliación total de sí mismo, y a un abandono de cualquier prejuicio y, en una palabra, a adoptar una nueva naturaleza, para revestir el carácter de masón. Y es el sentido espiritual.

Capítulo V

Iniciación artesanal

Nada sabemos de la *forma* de la iniciación artesanal. Sospechamos que debía consistir en la recepción solemne de las herramientas del oficio, incluyendo un juramento y una mínima enseñanza simbólica relativa a la *materia*.

Para Vitruvio, el arte de construir se transmitía bajo la forma de secretos de familia y de corporación, lo que «hace presumir la importancia en la antigüedad de las corporaciones o colegios de artesanos albañiles y talladores de piedra. Después de Constantino [...] las tradiciones técnicas y el propio ritual, incluso el secreto profesional y la iniciación, se transmitieron sin cambio alguno».

Aunque su importancia es relativa, y segura su ambición de ser árbitro de su arte, fue un gran estudioso de Pítheos y de Hermógenes para hacerse con los procedimientos griegos. En su *De Architectura* presenta cronológicamente los primeros tratadistas: [...] *primum Agartharchus* [...] *Ex eo moniti Democritus et Anaxagoras* [...] *Postea Silenus,* etc.

Tenemos que dar un salto. Entre los s.VIII y XI «los monjes arquitectos, sus maestros albañiles y sus compañeros, reanudaron la antigua costumbre, con largos viajes de aprendizaje en forma de peregrinaciones individuales o desplazamiento de equipos completos de cantería».[82]

Además de la cualificación del receptor (y ya hemos dicho que no hay baremos para esto), el iniciador, Maestro que la imparte, debe estar legitimado. Salvo que la maestría comportara en sí misma la legitimación... No nos lo parece, salvo reducir la iniciación artesanal a un mero trámite de entrada.

Existe formalmente la *materia*, que significa lo que ella misma produce. La materia (la entrega de la maza y el cincel, por ejemplo), significa que el Aprendiz recibe cuanto precisa para construirse a sí mismo. Más tarde se le dará la escuadra y el compás, y será una roca tallada y bien escuadrada en la que la debilidad del prójimo podrá apoyarse. *Mutatis mutandis* vemos que Eliseo recibió el manto del profeta Elías, no para abrigarse en el descampado nocturno. Elías significaba la transmisión de su poder de profecía con la entrega de su manto. No importa el manto, sino el poder de Elías.

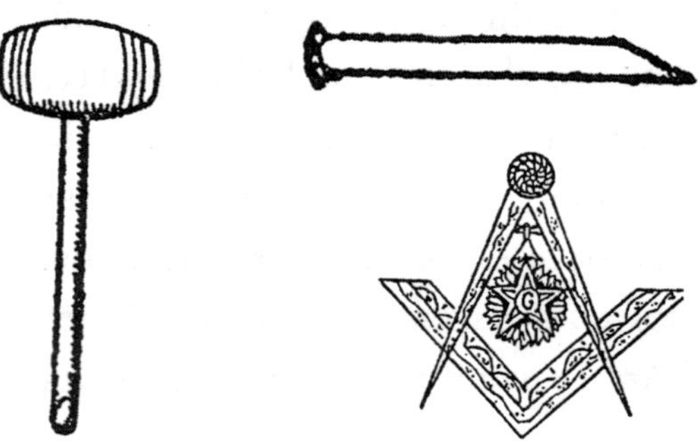

Maza, cincel, escuadra y compás

82. cfr. Juan L. Puente López, *Firmado en la piedra*, Edilesa, León, 2001.

Denys Roman,[83] tan afamado masón y guenoniano exegeta, afirma que «el fin de la iniciación [...] no es otro, en la tradición occidental, que la realización efectiva de la naturaleza crística, y no la contemplación dualista de un triángulo convencional. Si no se les revela [a los candidatos] desde el principio que, sobrepasándolo al mismo tiempo que practicando el esoterismo religioso, la iniciación debe conducirles, por el método, más allá del puro Ser hasta el infinito No-Ser».

Para René Guénon, que niega el carácter iniciático de los sacramentos, la Masonería sería la única sociedad iniciática que subsistiría en Occidente. Gérard Galtier[84] estima que «la idea guenoniana de la iniciación corresponde a un punto de vista sacerdotal, y no se aplica a la iniciación masónica, que es fundamentalmente artesanal con añadidos caballerescos». Es una tesis muy interesante.

Decimos que niega el carácter iniciático de los sacramentos. Jean Borella nos recuerda que el rito iniciático, vía Guénon, es el debido al pequeño número de los que están cualificados. Ahora bien, la extensión del cristianismo a partir del siglo IV es tal que no sería compatible con la naturaleza iniciática de los sacramentos cristianos, al conferirse a todos indistintamente. Para Guénon, la Iglesia se vio obligada a efectuar un *descenso* general de los ritos, al dominio puramente exotérico. Habría contradicción –dice Borella–, pues en *Aperçus sur l'Initiation*[85] Guénon declara que «tratándose de

83. *Annoncer la couleur...* «VT» nº 55, 1997.

84. cfr. Gérard Galtier, *L'Initiation Maçonnique face au Traditionalisme guénonien*, Autre Monde (ut supra). Galtier es el autor, entre otras, de la obra *Maçonnerie Egyptienne, Rose-Croix et Neo-Chevalerie*, Ed. du Rocher 1989.

85. «Les Editions Traditionelles», París 1946 (primera edición).

una organización auténticamante iniciática, sus miembros no tienen el poder de cambiar las formas a su antojo, o de alterarlas en lo que les sea esencial. Lo que no excluye ciertas posibilidades de adaptación a las circunstancias que, por otra parte, se imponen a los individuos, más que dependen de su voluntad, pero que, en todo caso, están limitadas por la condición de no atentar a los medios por los que se asegura la conservación y transmisión de la influencia espiritual, de la que la organización es depositaria».

Se ha objetado que dicho texto concierne a la Masonería, y hasta podríamos decir que, sin él, en el alto sentido guenoniano que va más allá de cualquier interpretación etnológica, antropológica, psicoanalítica o meramente psíquica, se vuelve muy difícil defender que tuviera cualquier carácter iniciático. Si la Masonería contó en el pasado con la investidura suficiente para vehicular la transmisión de una influencia espiritual, en virtud de lo dicho no podría haberla perdido. Lo que es mucho conceder, y mucho creer lo que no vimos.

Borella piensa que el citado texto es aplicable a la iglesia pre-constantiniana. En lo referente al carácter iniciático del bautismo (iniciación concedida a los recién nacidos) y de la eucaristía, en el día de hoy, Jean Tourniac, masón y guenoniano si los hay, objeta a Guénon que los Hechos de los Apóstoles prueban que el día mismo del nacimiento de la iglesia visible, en Pentecostés, el bautismo fue dado a una multitud de 3.000 personas, niños incluidos. Y no cabe admitir, por absurdo, que el período iniciático de la Iglesia durara sólo los 50 días, los que median desde la Resurrección hasta Pentecostés; o bien, sólo 10 días, si se admite que el bautismo quedó instituido el día de la Ascensión.[86] Si el bautismo, que es iniciático, se da a todos, es porque todos tienen la capacidad virtual de devenir «hijos de Dios». Por entonces, a mayor abundancia, el Reino ya estaba entre nosotros, siendo el tiempo oportuno, el *kairós*, y todo lo viejo, nuevo.

La *disciplina arcanii* que Cristo transmitió a los Apóstoles (lo que está normalmente admitido aun por los Padres de la Iglesia), no supuso nunca ningún rito iniciático distinto del de los sacramentos mismos, como sigue siendo verdad en las organizaciones cristianas dichas iniciáticas, el paracletismo, las organizaciones eclesiásticas caballerescas o herméticas, o el hesicasmo.

El bautismo tiene formalmente las características de la iniciación: la muerte en Cristo, y la resurrección o nuevo nacimiento que confiere la virtualidad del estado adámico. Y la eucaristía celebra la muerte y la resurrección del logos de Dios.

Añade Borella:[87] «si volvemos la mirada hacia los ritos que los guenonianos consideran auténticamente iniciáticos, es decir, que abren posibilidades propiamente supra-individuales, y por tanto superiores a cuanto puede asegurar un rito exotérico, forzosamente tendríamos que admitir que el menor rito para la iniciación de un tintorero o de un guarnicionero, vale infinitamente más que la comunión con el Cuerpo y la Sangre del Verbo Eterno. ¿Ha existido jamás en el mundo un Compañero de los Deberes para sostener tamaño absurdo?...».

86. cfr. Mat 28, 9.
87. Véase de su mano el Postfacio «De l'ésotérisme chrétien» a *Introduction à l'Ésotérisme Chrétien* de l'Abbé Henri Stéphane. Ed. Dervy, París, 1979.

Guénon distingue entre los grandes y los pequeños misterios. Los primeros conducen a la «identidad suprema», al estado de hombre universal o trascendente: el islámico *al-insam al-kamil*, el *Adam Qadmón*, el *resucitado*. Estos misterios corresponden a la iniciación sacerdotal. Y los pequeños, son los propios de la iniciación caballeresca y de la artesanal.

La casta sacerdotal de los brahmanes es superior a la caballeresca de los Kshatriyas. Para aquellos la vía del conocimiento, el *Jnâna-mârga*, y para éstos la vía devocional, el amor (amor caballeresco, amor cortés...), el *Bhakty-mârga*. La vía operativa o de la acción, *Karma-mârga*, en nuestro caso la de la masonería artesanal, correspondería a los *Vaishyas*, casta de los propietarios rurales y de los comerciantes. Habría sin embargo mucho que decir, pues el *Bhagavad Gitâ* expone un Karma-yoga para el uso exclusivo de los *Kshatriyas;* no de los *Vaishyas;* como igualmente hay hoy día una iniciación masónica no para los canteros; para los caballeros. Se quedan sin nada la casta de los *Sudras* (que Guénon identifica con los siervos), los parias, y toda la clientela de Teresa de Calcuta...

Según opina Galtier, Guénon habla muy poco de la iniciación artesanal, sin caer en la cuenta (en su desprecio por las clases inferiores) de que los artesanos hindúes son esencialmente miembros de estas castas. Con esta distribución de razas y castas que nos habita por las reboticas de la conciencia, no cabe sorprenderse, a finales del s.XVIII, de la contribución de los masones al derrocamiento del antiguo régimen: indistintamente clero, nobleza y *tiers-état*.

Sin embargo los *Sudras* son la base de la pirámide de las castas y suya es la función de sostener y prestar la estabilidad necesaria. Son la clase artesanal. Los maestros canteros acabaron por imponerse a la nobleza y al clero en cuanto dependía de su arte.

Si la idea que se tiene de la iniciación es verdaderamente elitista y excluyente, en lugar de serlo sin acepción de personas, no cabe extrañarse si los que buscan un esoterismo dentro de la Iglesia católica se refieren tantas veces a René Guénon. Sin embargo, la exclusión es peligrosa. ¿Quién excluye? ¿Y con qué consecuencias? –La hipertrofia en el Islam de la autoridad religiosa y su prevalencia sobre la política, la desvalorización del sector económico, y la sumisión de la mujer por el hombre, serían, para Galtier, consistentes con la entrada en Islam de René Guénon.

La iniciación significa «entrada», como el mismo nombre indica. Nada deja suponer que esa entrada no perfeccione el objetivo que persigue. Lo tenemos que aplicar a nuestro caso. El acceso al primer grado de Aprendiz contiene virtualmente el todo de la iniciación masónica, a desarrollar en los rituales sucesivos del siguiente grado de Compañero. En el primer grado, el Maestro de Ceremonias entrega al recipiendario los útiles del oficio: «te entrego ahora los útiles de trabajo del Aprendiz masón, que son la regla de 24 pulgadas, el mazo y el cincel». La ceremonia cumple los tres ritos básicos característicos: la separación (o selección), el aislamiento, y la agregación. Con la candidatura presentada y el despojo de metales, se produce la selección en el seno de la masa social; sigue el aislamiento en el gabinete de reflexión, y, última ceremonia, es *agregado* y acogido como hermano en el seno de la logia. Encontramos paralelismo con las antiguas iniciaciones a los misterios de Eleusis, y lo mismo cabría decir de las iniciaciones órficas y pitagóricas: los *legomena* (las palabras), las pruebas a superar,[88] y las *cosas mostradas.*

Es difícil abusar insistiendo en el carácter *laico* e inmanente de la Masonería que, según la obediencia, aparece sin plus para el humanismo que predican, y saltándose el *landmark* de la confesionalidad. Aun con ello no cabe ignorar el valor peculiar, pero posiblemente real, de la iniciación masónica. Gracias al símbolo. Se trata de la manducación continuada del que en cada momento corresponda, del ritual de investidura, de la liturgia tradicional de las tenidas (las intocables ceremonias de apertura y cierre), y no menos observando la fraternidad de las tenidas, que dan tanta razón al salmista cuando dice: «he aquí, cuán bueno y agradable sentarse juntos como hermanos». Se genera el cuadro propicio para que opere una realización espiritual. Símbolo, rito, y el trabajo en el taller del corazón, conducen a esa dilatación característica de esencia y de presencia. Trabajo de la mente sobre el espíritu de quien la porta, y, según quien opine, la apertura al influjo de lo Alto.

¿Qué es la iniciación artesanal? Está en relación con el concepto antropológico que, en toda su pureza, creemos ver operativo en los artesanos medievales y, todavía hoy, en los primitivos contemporáneos que queden. Para diversos autores se relaciona entre nosotros con la tradición hermética, aunque basada en la creencia de un dios inmanente (la identidad que hemos visto entre iniciación y experiencia

---

88. De los cuatro elementos (Fuego, Aire, Agua y Tierra) que el recipiendario debe superar a lo largo de los viajes simbólicos... y otras.

personal, cuadran de maravilla con la opción exclusiva por la inmanencia). Fuera de disquisiciones, volcado en la obra que debe consumar, el Maestro sabe cuál es la verdadera obra maestra, y el premio de la propia perfección.

Los Altos Grados son un caso particular. Practican (entre otras) una iniciación de corte caballeresco. Pero la verdadera diferencia es con la iniciación religiosa, exotérica o la propiamente esotérica. En el Islam (para muchos el paradigma) la practican las distintas cofradías, que suman más de 100. Son ramificaciones de un corto número de linajes cuya autoridad se remonta, sin hiato de continuidad, hasta el mismo profeta, la fuente de la influencia espiritual que la cofradía distribuye.

La entrada en logia comporta ceremonias de recepción o iniciación. Habiéndose producido una grieta con la iniciación artesanal de la Edad Media, debiéramos plantearnos, para legitimar la iniciación masónica, si acaso no juega aquí continuamente la llamada «iniciación de Elías Artista» (o Artistia), cuyo fundamento no es otro que el del Espíritu, que sopla libremente donde quiere. Estaríamos ante el caso de una iniciación sin genealogía, y ante un inmenso privilegio.

Denys Roman se refiere al paso de la Masonería corporativa o artesanal, a una Masonería abierta a todos los hombres «cualificados». En otro sitio, en relación con el simbolismo de la paleta que exhiben, por ejemplo, algunas divinidades budistas e hindúes, opina que la transformación, a la que tanto nos hemos referido, supone el salto del mero arte de la construcción, a un «Arte Real». Concluye con los ojos vendados; no hace sino solicitar lo que quiere.

En la Masonería inglesa, el iniciador entrega al recipiendario los útiles del oficio: «le entrego ahora los útiles de trabajo del Aprendiz masón, que son la regla de 24 pulgadas, el mazo y el cincel». Concurre la forma y la materia, lo que bien puede significar lo que la fórmula indica constituyendo, de este modo, un verdadera iniciación artesanal. Se capacita al que recibe para el desempeño del oficio, es decir, para el aprendizaje. La iniciación será verdadera y eficaz si el Maestro de Ceremonias que actúa de iniciador está revestido del poder de impartirla; poder que le concede la Logia, quien a su vez lo tiene de una transmisión *in illo tempore*. Tal como son las cosas cabe también que el ritual sea eficaz, pero sólo a nivel humano; eficaz sobre la psique del recipiendario, pero no así, *ex opere operato*, sobre su espíritu.

Símbolos de construcción

> En fin, la Biblia, la regla y el compás, el nivel, la escuadra, la perpendicular, nos enseñan a marchar por el recto camino; a acompasar y regular nuestras acciones, de modo que en ellas nada haya contrario a la ley de Dios, ni a la regla de la caridad con respecto a nuestros hermanos y para con nosotros mismos. Además, marcan la sencillez de nuestro estado.
>
> (de un rito de iniciación)

Los símbolos de la construcción son las herramientas del trabajo. Estudiarlas, supone verlas bajo extraños ángulos. El trabajo para el que sirven es ya una indicación, como lo es el tipo mismo de manipulación o reflexión que exigen, y acaso, podemos ver en todo ello una representación válida de la figura humana, cuerpo, alma y espíritu.

El número de herramientas es importante, lo que nos limita a los más significativos en Masonería.

La maza y el cincel

Mejor que uno y otro por separado, no hay sino ganancia estudiando la suma de la *maza* con el *cincel.* Unidos en el mismo escenario es como recibimos la lección superior. Es igualmente cierto que una suma de imágenes no supera al Símbolo, pues todo corre, unido, para desentrañar la cifra de la persona humana. Preferible al análisis de cuanto tenemos en las manos, la síntesis es necesaria.

La maza y el cincel son los útiles del cantero que, labrando sus seis caras, escuadra la piedra de sillería a golpes de muñeca. Con la práctica de un poder controlado, acompasado y discontinuo, el obrero impone a golpes su voluntad a la materia. Parecido ejercicio de poder, que igualmente corresponde al Oficial, vemos en la logia cuando el Venerable, imagen del presidente de un tribunal en sesión judicial, tiene la maza en mano. Sus golpes («golpes de batería»), que encuentran eco en las mazas de los Vigilantes de la tenida, anuncian la apertura y el cierre de los trabajos y, además, controlan el uso de la palabra. El alarde del mazo o *mallete* (del francés *maillet,* del latín *malleus,* martillo de madera de dos cabezas) corresponde al Venerable y a los dos Vigilantes, respectivamente primero, segundo y tercer mallete. Los dos últimos lo portan al hombro. Se dirían los maceros de honor que acompañan en nuestra Diputaciones a las autoridades. Recuerda Boucher que con ellos se provocan ondas sonoras rítmicas: «los dignatarios son recibidos en logia a golpes de mazo («a malletes batientes»); es decir que, sucesiva y alternativamente, el Venerable, y el primero y el segundo Vigilantes, dan dichos golpes. Ese «ruido» monótono y regular realiza el «silencio integral», ya que suprime cualquier sonido adventicio».[89] La última observación es pertinente. Silencio y son acompasado se equiparan en lo mismo, generan la misma esfera protectora, silenciosa, si bien el silencio puede ser más ruidoso.

Sin embargo, y menos simbólicamente (o acaso más, según se mire), mazo y cincel son los instrumentos fundamentales del aprendiz. Hay que comprender la analogía: mientras con ellos desbasta la piedra, golpe a golpe se desbasta a sí mismo.

Concurren los siguientes protagonistas: la piedra, el cincel, la maza, y la mano del artista.

La forma interesa a más de un título. La maza la tiene de Tau, esto es, la de la *crux commissa* o *patibulat,* que es una de las 12 formas de cruz conocidas en la Masonería.[90] Rigurosa escritura en cifra, la *commissa* se intercalaba en ciertas inscripciones funerarias de modo patente, a la vista, magnificada de tamaño, en el medio de las otras letras (v.gr.: «vicToria», «ilaTra», etc.). Es su aspecto de patíbulo el que hizo que los antiguos cristianos la prefirieran como símbolo de la cruz, que veían sembrada en medio de la grafía. Tenemos aquí

89. cfr. *La Symbolique maçonnique,* p. 15.
90. Según notoria relación son: egipcia, griega, latina, de Lorena o de Anjou, cruz Tau, papal, gammada o esvástica, de Malta, trebolada, de potenza, ancorada y de San Andrés. Ni decir que existen muchas más formas…

ejemplo de una escritura marcada para una lectura secreta. El símbolo masónico afecciona este modo de operar.

Si el cincel tiene un aspecto fálico, no es sólo por su destino de penetrar. El mazo es la voluntad, pero el cincel discierne el objetivo en el que emplearse. Penetra y lee: *intus-legit*... Aunque prevalece el hecho de la penetración.

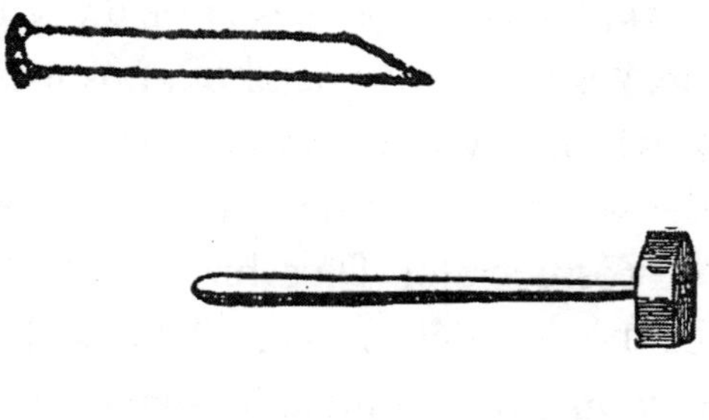

Maza y cincel

Son –decimos– los instrumentos propios del Aprendiz, y no nos obceca que también se lo atribuyan al Compañero, como igualmente hemos visto que lo utiliza el Venerable. El primer peldaño cuenta y cuesta el que más, al que le siguen otros. El símbolo es una escala.

Colocan al Aprendiz en la oscuridad, y en el silencio; misterio claustral que ilumina Irene Hillel-Erlanger en su *Allégorie Liminaire*.[91] Es el momento de la gestación que ella

91. cfr. Claude Lorrey. La «Allégorie Liminaire» es introductoria de su obra *Poésies*, París 1909. Claude Lorrey es el pseudónimo de Hillel-Erlanger.

tan bien describe; la gravidez del trabajo iniciador de quien lo opera, la piedra bruta no habiendo sido todavía cubicada. El obrero se tiene en esa penumbra, y en mano la maza y el cincel. El uno sin el otro son inoperantes; no hay penetración. La derecha y la izquierda, el activo y el pasivo, alumbran la realidad del símbolo.

Podríamos remontarlo a un nivel superior. En alguna iconografía el obrero trae en su mano derecha el compás, en la izquierda el plano, y a los pies la piedra y los instrumentos del oficio. Los símbolos que ahora nos tocan quedan subordinados al plano, y el plano al compás. El compás lo es de la geometría, y, al través de la letra «G»,[92] es el que tiene en mano el Cosmocrátor. Dios hizo el mundo con orden, peso y medida. Simbolismo completo de la construcción, interactúan: la mano, el compás, el plano, el mazo, el cincel y la piedra. La última, la piedra. Tiene una ventaja: la piedra es la enemiga del tiempo que huye.

No se agotan las relaciones simbólicas. Ya conocemos la leyenda de la muerte de Hiram-Abif. Muere a manos de tres compañeros que, para acceder al grado de Maestro, quieren arrebatarle a la fuerza las palabras, signos y toques del mismo. Es el anacronismo de un situación factual, cuando, en las grandes obras medievales que concitaban a varios Maestros, y de distintos lugares de la cristiandad, el Compañero se hacía pasar por uno de ellos, utilizando las debidas palabras de pase. La picaresca es de todos los tiempos.

92. Esta letra, inicial de God, de Geometría y de Gnosis, colocada en medio de la Estrella Flameante, constituye uno de los símbolos más importantes del 2.º grado.

Cuando Hiram iba camino del Templo, se apostaron aquellos tres en cada una de las puertas, al Mediodía, al Occidente y al Oriente (viendo de paso que el Aprendiz, al Norte, queda al margen de la fechoría). Concluidas sus oraciones, Hiram se dirigió a la puerta de mediodía, donde se ocultaba el primero. Negándose Hiram a revelar los secretos del grado, le asestó un golpe en la nuca con una regla. Se escapó corriendo a la puerta occidental, donde –él no lo sabía– se encontraba el segundo apostado. Persistiendo Hiram en su postura, recibió un golpe en el pecho con una escuadra. Por último quiso salvarse por la puerta de Oriente. El oficial que allí estaba le asestó un fuerte golpe en la frente con un martillo. Quedó muerto. (La regla en la nuca, la escuadra en el pecho, y el mazo en la frente, buen pasto para el escudriñador del simbolismo).

La leyenda de la muerte de Hiram a manos de tres operarios una vez construido el Templo, que es una mala interpretación de II Crón. 2,13, puede ser un eco de la leyenda rabínica: se dio muerte a todos los trabajadores que erigieron el Templo de Salomón, para que, ya licenciados, no pudieran construir otro templo en otro lugar, es decir, otro templo y ese consagrado a la idolatría[93]...

En relación con la piedra el cincel es activo, puesto que la penetra. Es equivalente a la espada o el puñal, y encarna el rayo, y el mazo, el trueno. Mirando hacia el obrero el simbolismo cambia. Jules Boucher[94] presenta el cincel como pasivo y la

93. cfr. *The Jewish Enciclopedia*, Ed. Funk and Wagnalls, Nueva York y Londres, 1910 (13 Vols.).
94. cfr. Jules Boucher, *ut supra.*

maza como activa, puesto que la mano derecha es activa, golpea con la maza, limitándose la izquierda a sostener el cincel.

Debemos remontarnos al principio general. La mano derecha (excluímos a los zurdos) actúa; es activa en relación con la izquierda, que sostiene pasivamente. Lo comprobamos con el compás y el plano, y ahora con el mazo y el cincel. El siguiente principio es que cualquier herramienta es pasiva en relación con el artesano, y activa en relación con la materia. Estas consideraciones son más iluminadoras de lo que parece.

Tras el cincel y el mazo, y la mano izquierda y la derecha, está la unidad del operario.

Opera también el magnífico simbolismo del Cantar de los Cantares 2, 6: «su izquierda bajo mi cabeza, y su derecha me enlaza» (hebreo, *smo'ló tajat lero'shí–wiminí tejabqéni*). Imaginamos perfectamente a la pareja en estrecho abrazo; él, rodeándole la cintura, la inclina, y la sujeta por la espalda y la cabeza.

El brazo izquierdo corresponde al rigor, y el derecho que enlaza, a la misericordia; en este último está la vida, y en aquél, el valor. Ambos brazos completan el pequeño y el gran rostro que identifican al «Anciano de los Días», al Eterno, reconocible en el rostro humano por causa de la semejanza. «Miré durante mis visiones nocturnas y vi, y he aquí, que llegó sobre las nubes del cielo alguien parecido a un hijo del hombre; avanzó hacia el Anciano de los Días, y le hicieron acercarse a Él».[95]

Cuando la situación se encuentra bajo la batuta de la izquierda, de la noche (como antes hemos visto para el

95. cfr. Dan 7, 13.

aprendiz), se vive en el temor. Pero si la izquierda cede y presta su apoyo de la nuca, es entonces cuando el amor nos enlaza. Son entonces todas las risas del universo.

Notemos que el abrazo precisa de las dos manos. La izquierda parece ser la del hombre, y la derecha, la de la mujer. Todo está en que el lado derecho provoque al izquierdo, hasta que el lado izquierdo, en lo alto, se una con la mujer formando una sola carne.

La paleta

Con la llana, trulla (francés, *truelle*) o paleta, se aplica el cemento o la argamasa para unir las diversas partes del edificio. Juega el papel del disco entre dos vértebras. En el hombre le da toda su flexibilidad a la estación de pies. Es el emblema característico de la maestría. Representa la perfección del trabajo. Al extender el mortero o yeso sobre los muros, se borra cualquier marca de las junturas de las piedras, suprimiendo del muro las distinciones. Es evidente su relación simbólica con la fraternidad, que debe unir en un uno a los masones. Se asocia a la potencia creadora. En la Edad Media, a veces se representaba al Creador con una paleta en la mano.

Reúne, fusiona, unifica. Un masón erudito nos señalaba además su función consagratoria, tanto en los edificios profanos cuando la puesta de la primera piedra, como al dedicar las iglesias y consagrar sus altares; con ella, en éstos, se sella herméticamente la *tumba de las reliquias.* Su hoja triangular evoca a la actuante Santísima Trinidad. Su perfil es en zig-zag. «El esquema de este instrumento –dice Denys Roman– es el equivalente exacto de los rayos que se colocan en las manos del maestro del trueno. Además, basta observar a un obrero construyendo un muro, para asombrarse de la manera entrecortada con la que proyecta el cemento, y que recuerda los fulgores del relámpago». Nos recuerda el silencio; los golpes de batería, especialmente los del Aprendiz (aun siendo sólo tres), por ser iguales y espaciados: toc–toc–toc. También cuando el Venerable marca golpes, los Vigilantes deben repetirlos como si fueran el eco. Cuando Dios habla en el hombre, todo su ser reverbera.

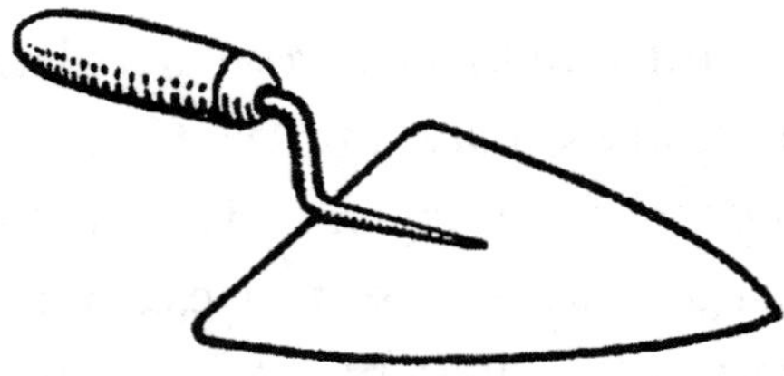

Paleta (Trulla)

La paleta es también el emblema de la tolerancia e indulgencia con la que todo masón debe considerar a sus hermanos. *Pasar la trulla* (o paleta) por encima de algo o alguien es perdonar un agravio, disimular una falta, etc. Es joya distintiva de varios cargos y grados masónicos.

La regla y la palanca

La regla del Aprendiz es lisa, válida sólo para las rectas, mientras que la del Compañero viene graduada con 24 cortes, y es llamada por ello *regla de 24 pulgadas.* Si aquella sirve para trazar líneas, ésta para medir. Es su atributo propio, símbolo de la perfección de la medida. La lleva sobre el hombro derecho, que es el hombro activo. Es el símbolo más evidente de la rectitud del obrero durante las 24 horas de una revolución diurna, a lo que también aluden sus 24 divisiones. Con ella se hiere simbólicamente al recipiendario en el momento prescrito, en simulacro del primer compañero que con ella hirió al Maestro Hiram.

Por definición, la Masonería no puede ser sino *regular,* i,e, confome a la Regla «que traza las líneas rectas, susceptibles de verse prolongadas hasta el infinito». Es emblema de la inflexible ley moral, en lo que tiene de riguroso e inmutable.

Emblema de la Ley, es también emblema del Libro de la ley. Sabemos por cierto que el compromiso de la obligación, el juramento, se presta bajo las tres luminarias: la Ley (o Libro), la escuadra, y el compás. Ahora bien, el volumen de la ley es precisamente de la naturaleza de la regla. Difícilmente se podría añadir algo más en su alabanza. En las corporaciones y en las órdenes religiosas son llamados con su nombre los estatutos y el conjunto de prácticas a que vienen obligados los religiosos que les están sujetos, por lo que se dice la «regla» de San Benito, de San Pacomio, etc., en cuyo caso es la regla de construcción del propio yo espiritual.

La encontramos en los *viajes* que corresponden a la iniciación como Compañero, y que son correlativos: en el primero, la maza y el cincel, recordando el aprendizaje; en el segundo, la regla y el compás propios de los conocimientos en geometría que le permitirán trazar los planos; en el tercero, la regla, el nivel, la perpendicular y la palanca, necesarios para la correcta colocación de las piedras de construcción; en el cuarto, la regla y la escuadra le permitirán comprobarlo todo; y en el quinto, la paleta para acabar la obra. Con tales viajes, la obra será maestra.

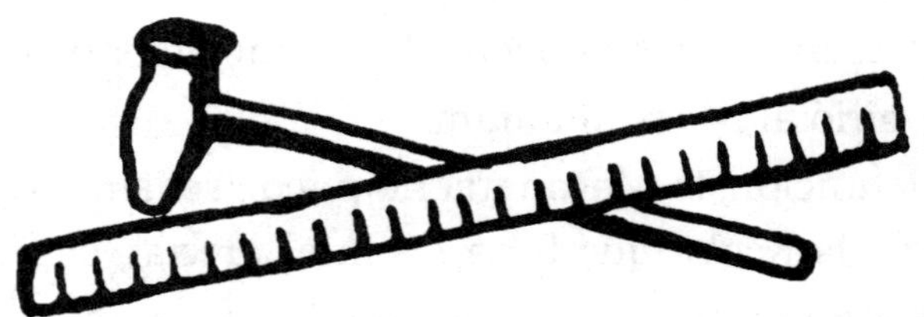

Regla y palanca

Junto a la regla que mide, la palanca que mueve; aquella relacionada con el espíritu del que proyecta, y ésta con la materia proyectada. Coincidiendo en la forma axial y rectilínea, participan ambas de este mismo simbolismo. Pasiva en relación con el obrero que la maneja, es el principio activo que pone en movimiento la pasividad de la piedra.

Instrumento del pedrero, del cantero y del albañil, realiza la ley de Arquímides para multiplicar la fuerza del hombre y mover la Tierra. En el Arte encontrará su punto de apoyo. Es fruto de la voluntad y de la inteligencia, al menos tanto como el de la fuerza que parece ser lo que mejor encarna.

La escuadra y el compás

Obediente al inscrito en la mente del artista, el compás rige el plano que la escuadra va a materializar. Ésta, por tanto, corporifica el espíritu (o plano) de la obra que, cubicando la piedra, la expone a la luz pública. Figura este símbolo en todos los grados masónicos.

Llamado a ser el más recto de los masones y a dar ejemplo a los obreros de su taller, la escuadra que el Venerable lleva suspendida del collar es la joya de su cargo. Sus lados no son iguales, sino que se encuentran en la muy pitagórica relación de 3 a 4, el *tertius quartus* de la simbología renacentista, por lo que la virtual hipotenusa pesará como 5, ya que $3^2 + 4^2 = 5^2$. De paso se concreta un valor –345– que relaciona al Venerable con *El Shadday*, como veremos más adelante. Esta escuadra indica la voluntad del Venerable para imponer las reglas de la Orden, y practicar sus ángulos rectos, sus cuadraturas y el espíritu de sus círculos.

Es más que interesante la observación de Jean Tourniac cuando dice que «juntando "lo que está disperso" vemos que los siguientes elementos: el Nombre de El Shadday (3-4-5) conservado en los rituales actuales del Arca, la intercesión de Elías solicitada por los tres poderes, la referencia a Cristo en tanto que Arca Santa y bajo su aspecto de "Todopoderoso", y el uso del balanceo, todos estos elementos aluden a una técnica operativa perdida, y tenemos muy buenas razones para estar seguros de lo que decimos».[96]

---

96. cfr. Jean Tourniac, *Les tracés de lumière*, ed. Dervy Livres, París 1976, p. 65 (en nota a pie de página).

Definiendo la escuadra el ángulo de 90º, tiene la extrema importancia de revelar el principio vertical correspondiente a la horizontal, esto es, la dirección de donde nos vienen los influjos celestes, activos sobre lo que, en su comparación, no puede ser sino pasivo. Útil en principio para trazar el cuadrado, la más a propósito para ello tiene los brazos iguales. Nos da por supuesto el ángulo recto, del cual el cuadrado, y del cual el círculo y su «cuadratura»... a ser resuelta *in pectore* por el Maestro masón. Su función última es la de medir la Tierra, por definición cuadrada y con cuatro esquinas. En China es el emblema del Emperador, el amo de la Tierra. Cuatro escuadras yuxtapuestas forman la cruz de Cristo, aludiendo al mismo tiempo a los cuatro evangelistas.

Jules Boucher nos recuerda que, en astrología, el ángulo de 90º entre dos planetas forma lo que en este arte se llama «cuadratura». Constituye uno de los posibles aspectos maléficos que puede tener un tema. La escuadra participaría de esta faceta: ordenadora del caos en el que se inmiscuye, «se mancha» con su roce. Emparejada con el compás, se asocia también con la plomada.

El compás es una de las grandes joyas y grandes luces de la Masonería. Es el instrumento del Cosmocrátor trazando círculos en el espacio, de los cielos y la tierra, de la vida, etc., con la sabiduría que vemos descrita en Proverbios: «cuando estableció los cielos, allí estaba yo – cuando trazó un círculo sobre la haz del abismo» [97]. No veamos contradicción con lo que ya decíamos, que, destinado el compás al círculo como la escua-

97. cfr. Prov 8, 27-28.

dra al cuadrado, se relaciona especialmente con la determinación del tiempo (ciclicidad), y la escuadra con la del espacio. Encaja con el concepto de *espacio/tiempo, científicamente* definitorio de las dimensiones de lo real; pero mucho mejor, cara a cualquier contextualidad, con el pensamiento bíblico del *olám,* que señala tanto al tiempo como al mundo (espacio).[98]

Escuadra y compás

En su Paradiso XIX, 40-42, Dante se refiere al Dios Arquitecto como «el que gira el compás hasta el extremo del mundo, en cuyo interior distingue toda cosa, sea invisible o manifiesta».[99] Otros traducen «al que con su compás marcó los límites del

98. Véase la expresión hebrea *le`olmei `olamim,* que traducimos «por los siglos de los siglos». Podríamos mágicamente hacerlo, cargado de sentido, por esta otra traducción: «por los mundos de los mundos»...
99. *Celuí che volse il SESTO –a lo stremo del mondo, e dentro ad esso– distinte tanto occulto e manifesto.* Paradiso XIX, 40. 42.

mundo y en su interior reglamentó todo lo que se ve y todo lo que está oculto», introduciendo de este modo la idea de reglamentación que, a nuestro parecer, no va sino implícita.

En lugar del italiano *compasso* (compás), Dante utiliza el arcaico *sesto*. Es muy interesante. *Compás* viene del latín *pandere*, desplegar, y de *passus*, que es el despliegue de las piernas, el *paso* que damos, y que los que bien pisan lo dan *al compás*... lo que es perfectamente descriptivo y antropomorfo. Más cercano de las furtivas esencias, *sesto* define la apertura –cualquiera que sea– para trazar una circunferencia. Porque indiferente al ángulo con el que aquél se abra, corresponderá exactamente al lado o medida del hexágono que se puede inscribir en la circunferencia trazada. Si se abre en 180° dándonos el *grand écart*, entonces la circunferencia es infinita; infinitos los infinitos hexágonos que contiene.

Ello nos habla al oído de quien implícitamente habita la circunferencia, y, por extensión, de todos sus poliédricos o poligonales habitantes. De parecido modo podríamos haber relacionado antes la escuadra con el hexaedro que resulta de la cubicación. El hombre es todo ello.

En estos sentidos no importa la apertura del compás. Corresponde al nivel de conocimiento, siendo interesante constatar que los masones lo limitan a los 90°. Nos preguntamos si una apertura hacia los ángulos obtusos (que es el *según se mire* de los agudos) no nos introduce en los grandes misterios. Ya nos definía el centro; ahora nos traslada desde su cerrada infinitud, hasta la infinitud de la apertura de los 180°.

Centro y circunferencia, son las sombras en el plano de la danza del compás; el resíduo que deja. Ello, en pirueta, nos hace dar el salto dimensional desde la geométrica producción para la que sirve, hasta el instrumento mismo en sí. Con ello alcanzamos, si Dios quiere, al margen de lo utilitario, el superior nivel de «inutilidad», que acaso debiéramos buscar en cada símbolo.

El masón se encuentra siempre entre la tierra y el cielo, entre la escuadra y el compás. Y estando el cielo más arriba que la tierra, el compás genéricamente estará colocado más alto que la escuadra. Y en medio, figura del hombre, la estrella flameante de 5 puntas, encontrándose el masón en este mismo lugar. Entre los pequeños y los grandes misterios.

Precisamente la Masonería inglesa distingue entre la *Square Masonry* y el *Arch Masonry*, para plantear la ardua cuestión del paso *from square to arch*, de la escuadra al compás, i.e., de los pequeños a los grandes misterios. Armand Bédarride[100] nos copia las instrucciones del Maestro Secreto:

— ¿Cómo habéis sido recibido Maestro Secreto?
— Pasando de la escuadra al compás.
— ¿Qué significan tales palabras?
— Que aspiro a elevarme y a penetrar las altas regiones del conocimiento espiritual.

En fin, en relación con la materia la escuadra es pasiva y el compás activo. Lo vemos claramente: el delineante tiene la escuadra (o la regla) en la mano izquierda, y el compás en la derecha. La escuadra está fija; el compás, movible en sí por la apertura de sus ramas, se traslada y danza sobre el papel, relacionando y trasladando las medidas. Porque también sirve precisamente para eso.

---

100. cfr. Armand Bédarride, *Le Symbolisme*, Julio de 1935.

La plomada y el nivel

La plomada (o perpendicular) y el nivel, emblemas respectivamente del segundo Vigilante y del primero, más que herramientas son instrumentos de geometría. Ambos «principios» permiten verificar la conformidad de la realización con lo previamente dispuesto en el plano. Dan la vertical y la horizontal; la acción y la pasividad. Con la escuadra, emblema del Venerable, ambos instrumentos complementarios trazan el esquema fundamental de la cruz tridimensional, del espacio en el que se desenvuelve la arquitectura. Por otro lado, la escuadra está diseñada con la vertical y la horizontal (la plomada y el nivel), y los signos de Aprendiz, Compañero y Maestro se hacen con la escuadra, la plomada y el nivel.

Parece claro –como Boucher lo deja adivinar– que el nivel alude a la indistinción social, y la plomada a la rectitud del juicio que nada puede torcer. Sería mejor decir que aquél se refiere a la igualdad social, y éste a la desigualdad por cualificación y mérito.

Se llama *aplomación* al examen que se practica a un candidato para comprobar si de él, piedra bruta, cabe hacerse una piedra tallada.

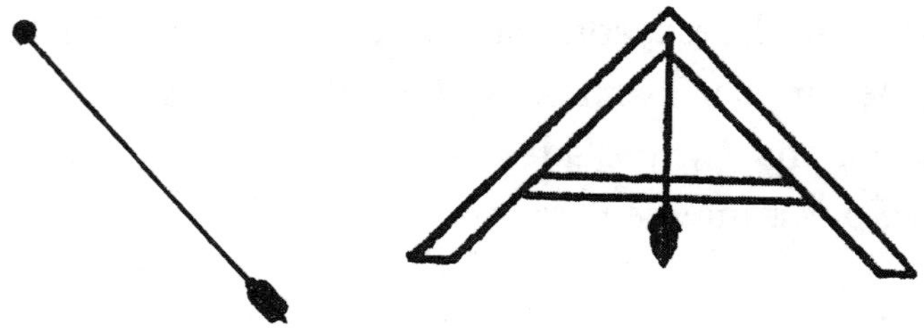

Plomada y nivel

Capítulo VI

Iniciación caballeresca

No queda a trasmano añadir algo sobre la iniciación caballeresca, estando la Masonería Alta llena de grados de lo mismo. Tenemos como mejor ejemplo la recuperación que cumplió el Régimen Escocés Rectificado, que creó el negociante en sedas Jaen-Baptiste Willermoz. Como signo de la nueva iniciación sustituyó a Tubalcaín, artesano de la estirpe de Caín, por Phaleg (o Péleg), hijo de Heber, hijo de Sem, antepasado directo de Abraham,[101] de donde la Estricta Observancia Templaria y grados como el de *Caballero Bienhechor de la Ciudad santa.*[102] El artículo 2 de los Reglamentos[103] de este grado caballeresco, precisa que, «fundado por hidalgos, no admitía en su seno sino a los que, con documentos auténticos y conforme a las formalidades requeridas, probaban que habían nacido de padres nobles en apellido y armas». No parece exactamente

---

101. cfr. Gén 10, 26; 11, 17-19.
102. Véase a este efecto Jean Tourniac, *Principes et Problèmes Spirituels du Rite Ecossais Rectifié et de sa Chevalerie Templière*, Dervy, París 1969.
103. Reglamentos aprobados en el Convent Nacional de las Galias en noviembre de 1778.

conforme a los hechos de los inicios de la caballería medieval, en los que se accedía a la Orden de Caballería al margen de un tal origen noble; normalmente, tras el ingreso, el aprendizaje de armas, y la permanencia más o menos larga en la mesnada de algún pariente o de algún noble caballero. La nobleza que debe testimoniarse es, en todo caso, la de las leales y nobles acciones emprendidas, y la nobleza del corazón. *Esto miles pacificus, strenuus, fidelis et Deo devoto,* ordena el Obispo en el Pontifical con el que se arma caballero.

A diferencia de la iniciación artesanal, la caballeresca está suficientemente documentada en cuanto a *forma* y *materia.* Pero la Masonería nos va a enseñar que de aquélla, se puede pasar a ésta. El paso supone estrictamente la substitución del cincel por la espada, y es notorio que ambos símbolos comparten algunos valores iguales o muy similares.

La expresión de «ordenar caballero» aparece a finales del siglo XI. A veces el menor puede *armar* al mayor. Gustave Cohen indica el caso del futuro Luís VI el Grande, armado caballero por el conde de Ponthieu; o como Bayard, el caballero sin miedo y sin reproche, que ordena a su Rey Francisco I. He aquí la prueba, de vasallos ordenando a quien es su señor natural y feudal. Indica que el vasallo es el padrino o iniciador en un orden de distinto valor que el de la monarquía hereditaria, y fruto de una cooptación previa. Tal es el valor de este *ordo,* que no lo es *stricto sensu* religioso, sino social.

«Así la iniciación de ciertos soberanos en la Francmasonería del siglo XVIII –apostilla Cohen– pues, como sabemos, la Masonería va a solicitar el ingreso en su nómina de nobles y soberanos, ubicándolos muchas veces a la cabeza de la obediencia que se trate».

Precede a la iniciación caballeresca (a ser armado caballero) un largo tiempo preparatorio, que, acontecimiento preliminar al rito mismo, es previo a la entrega de los arreos militares o al hecho de ceñir la espada. Va a darse un cambio de casa, quizás de la propia a la del tío del lado materno (lado privilegiado en alta época y en muchas culturas), que es como si el recipiendario pasara bajo la tutela de un nuevo genitor. Antes de la investidura misma, los jóvenes a ser armados, desnudos, se lavan completamente, como se lava al bebé que justo ha hendido la matriz, o al cadáver de quien acaba de morir...

Según diversos relatos estamos ante una ceremonia reverencial, una liturgia divina que traspasa de gracia al caballero para el resto de sus días; que recordará, el de la ceremonia, como el día de su verdadero nacimiento. Como en toda iniciación, se trata de una muerte a un pasado necesario, seguida del levantamiento a una vida nueva y más significativa. En el espíritu del tiempo la ceremonia, sin duda, se identifica con lo que los teólogos denominan *sacramento.* La investidura proporcionará al caballero armado un poder sobre sí mismo, cuya acción va a extenderse sobre los demás y sobre las cosas.

La iniciación caballeresca proviene del *ordo equitum* de la Roma imperial. Cierto que en la antigua urbe se celebraban y eran usuales los ritos de paso acompañando al nacimiento, a la pubertad, al matrimonio y a la muerte. Incluían ceremonias lustrales, de protección mágica, periodos de postulantado, pruebas, etc.

La toma de armas es similar a la investidura de la toga pretexta del ciudadano romano libre, que es el verdadero rito de pasaje de la adolescencia familiar a la vida pública ciudadana. «Lo que se llamará en la Edad Media el adobamiento,[104] con una palabra por demás de origen germánico que quiere decir golpear, consistirá esencialmente en la ceremonia de la entrega de armas por parte del padrino, en una iniciación que, por sus gestos y fórmulas apropiadas, recuerda la iniciación a los misterios de Eleusis o a los del culto de Mitra, de los canteros constructores de catedrales y, de una manera más general, de las cofradías, oficios y corporaciones».[105]

No habría que precipitarse afirmando que el padrino de la ceremonia de investidura es el iniciador. La iniciación, de hablar con propiedad no es propia de los que ya se encuentran armados caballeros, pues, en tiempos de San Luís, conforme al ritual posterior de 1295 que completa el del s. X, el ritual, tras la bendición de la espada, prevé que será ceñida por el Obispo. Más aún, será éste quien dé la *paumée,* esa palmada en la mejilla o en la nuca, que es precisamente -dice el ritual- lo que marca el carácter caballeresco. Constituye, según parece, el rito iniciático fundamental.

La Iglesia interviene de diversos modos: con la bendición de la espada, la vigilia de armas, la comunión preliminar y

104. Traducimos el francés *adoubement,* a saber, el hecho mismo de la investidura, con el castellano *adobamiento,* como algunos diccionarios cometen con error. Sabemos que es un término puramente culinario, y de este modo se adoba la carne. Ahora bien, el adobamiento es con aceite, y en el sacro y la ordenación (sacerdotal, etc.) igualmente se «adoba» al recipiendario con aceite, con los óleos, de donde la traducción con el castellano *adobamiento* parece perfectamente legítima.

105. Gustave Cohen, *Histoire de la Chevalerie,* Richard-Massé editions, París, 1949.

las reglas morales que prescribe al iniciado. Fue una institución profundamente cristiana, y otro tanto cabe decir de los maestros constructores de catedrales, las corporaciones gremiales, las ligas de mercaderes y las cofradías artesanales. Siempre bajo la advocación de un santo patrono, se reclamaba ordinariamente la colaboración y el concurso de la Iglesia.

Todo ello resulta a veces nebuloso, pues, como opina Gustave Cohen, es poco a poco como las reglas y ritos de la iniciación caballeresca se precisan. Lo más a menudo ocurre en los momentos en los que la caballería se encuentra en decadencia, se deseca y muere.

Iniciación espiritual de un Caballero

De modo que, de haber iniciación, el caballero es iniciado por el Obispo, y no por el padrino. Es el arte sacerdotal que se sobrepone al arte regio; el brahmán al kshatriyas. No hay cadena iniciática *patente* que porte el influjo sagrado iniciático de caballero a caballero, y en este sentido no existe un esoterismo *patente* propio de la caballería. Lo mismo diríamos de la unción real (con el contenido de la santa Ampolla) en el orden de la consagración de los reyes de Francia.

¿Qué hay de esta iniciación caballeresca? Entendemos que su legitimidad y su eficacia (tanta como eficacia haya), y el movimiento y la difusión de la influencia espiritual que el ritual aventa entre los que la reciben, proviene, por extensión, de la iniciativa divina en el acto sacro o consagración real. Vemos precedentes en la consagración de David y en la de Clodoveo I.[106]

La espada

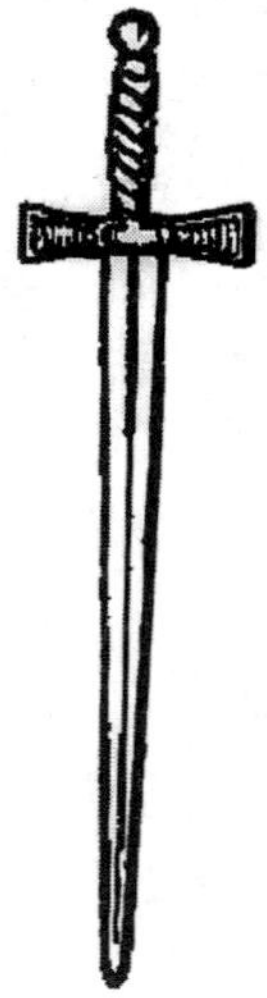

El símbolo de la espada concita a nuestro parecer dos sintagmas del mismo orden: la espada y la cruz, y la espada y la pluma. Análogo a este último es el de la espada y el libro, e incluso la espada y la palabra.

Es pertrecho del caballero, defensor de las fuerzas de la luz contra las fuerzas de la oscuridad. Por ello se exhibe la letra hebrea záyin (ז) (cuya forma es la de una espada) en el lado Norte de la logia. Blande el simbolismo que proteje de las tinieblas. Dos funciones: la destructiva, con el propósito de matar; la defensiva, para defender la justicia. Correspondientemente presenta dos filos. Restaurando la justicia y, así, reestableciendo la paz social, unifica la multiplicidad de los elementos opuestos, dispersos por causa del

106. Entre las fuentes posibles para tan brevísimo resumen, ya alegadas en obras anteriores, hemos consultado en esta ocasión a Georges Duby, desde *Le chevalier, la femme et le prêtre* hasta *Guillaume le maréchal, le meilleur chevalier du monde*, etc.

mal. Las de Toledo, famosas en los diversos reinos de la Cristiandad, solían a veces llevar el lema: «no me saques sin rasón, no me embaines sin honor». En el XVIII era una parte importante del avío del caballero, pero los masones debían depositar su arma al entrar en logia, en la cámara del Cubridor.

El estatus de caballero andante encuentra paralelismo en el *bushido,* la vía del samurái, más rígida todavía. Sus reglas son: la decisión justa, la bravura, el amor, el comportamiento justo, la sinceridad, el honor y la lealtad. La espada es el alma del samurái, sobre todo cuando exclama (último punto de su credo): «no tengo espada, mi mente es mi espada».

De Cristo es el aviso «no vengo a traer la paz, sino la espada» (Mt 10, 34). Iría en aquel sentido anterior de ordenar el caos. De este modo se relaciona estrechamente con la luz y con el rayo, pero sobre todo con la palabra. Quizás por esto último, los académicos de la lengua (al menos los «inmortales» franceses) la tienen por principal adminículo de su vestidura de ceremonia. Varias ocurrencias del Apocalipsis la citan, destacando el siguiente versículo de compleja potencia simbólica: «y sostenía siete estrellas con la derecha, y de su boca salía una espada acerada de dos filos, y su semblante era como el Sol cuando brilla con todo su vigor» (Ap 1, 16). El Verbo de Dios se asimila a la espada flameante que blanden los querubines guardianes (o *cubridores*) de las puertas del Jardín del Edén: «y colocó querubines y la espada flameante para guardar el camino del árbol de la vida».[107]

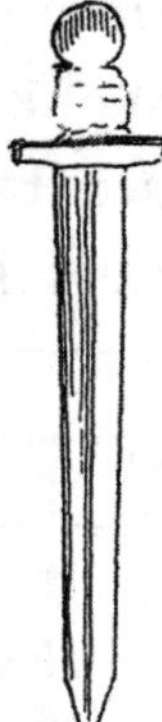

107. cfr. Gén 3, 24.

Al margen de los Altos grados caballerescos como el de *Caballero de la Espada,*[108] siendo más propio y genuino cuanto se refiere a la Masonería azul de los 3 grados tradicionales (que es de la que nos venimos ocupando), vamos a contemplar brevemente su uso.

Pertenece en primer lugar al Cubridor, que guarda y cubre la puerta de la logia. Cubridor es el oficio tradicional de quien da techumbre a la catedral o al edificio, y con ella la protección que precisan. La cobertura podía ser con tejas, y la designación del oficio es la del inglés *Tiler,* en Masonería *Tyler* (de dudosa etimología; seguramente del latín *tegulator,* el tejador), «cubridor», que además significa «azulejador» (dando cubierta al suelo). Cubre operativa y verticalmente el edificio, y «cubre» especulativa y horizontalmente su puerta. El simbolismo de su trabajo revierte en el deber de dar protección a la logia, cerrar la puertas, mantener alejados a los intrusos y espías,[109] entregar las convocatorias en mano, preparar correctamente a los candidatos, trazar el cuadro del centro (*drawing of the floor design*),[110] etc. El *Tyler* en la puerta garantiza la salvaguarda y el secreto de cuanto se dice o hace. Es el último oficial investido en la creación de una nueva logia, durante la ceremonia de «instalación» que la

108. Llamado también Caballero de Oriente, es el 15.° grado del Rito de Heredom, el 6.° de los Filadelfos de Narbona, el 15.° del Rito Escocés anterior a la reforma, etc.

109. *Keeping away eavesdroppers and intruders.* En otros documentos se dice *cowans and eavesdroppers.*

110. cfr. Harry Carr, *The Freemason at work,* ed. Lewis Masonic, Hersahm, Surrey (reimpresión de 2004), p. 270.

regulariza. El presidente que dirige la ceremonia, se dirige al Cubridor del siguiente modo:

> Hermano Tyler, entrego en sus manos la espada que le habilitan para resguardarnos eficazmente contra los intrusos y espías; con ello se nos recuerda de paso que debemos prevenirnos contra cualquier pensamiento o hecho indignos, manteniendo la conciencia vacía de ofensas hacia Dios y hacia los hombres.

Anderson, en sus Constituciones, hace alusión a la presencia de un hermano encargado de guardar la puerta, aunque el oficio de Tyler resulta de una innovación de la UGLE (Gran Logia Unida de Inglaterra), atestiguada desde 1740. Y aparece ya entonces un Cubridor (*Inner Guard*), que es un desdoblamiento del oficio de Tyler, sin que hoy apreciemos la diferencia. Sabemos también que este puesto lo ocupa de oficio el Venerable de lo logia una vez cumplida su misión, que dura generalmente tres años. En francés, el oficio de *couvreur* se denomina *Tuileur* o *Thuileur*. Es el único oficial que recibe pecunio, aunque casi simbólico.

En la logia azul no hay más espada que la del Tyler. La tiene para permanecer firme y cumplir con su deber. Con ella recuerda que nada indigno tiene cabida en la logia... En realidad vemos dos espadas: ésta del Cubridor, y la del Venerable en cuyo altar, durante la tenida, figura junto al Libro (en algunas logias americanas el libro es el de la Constitución de los EE. UU, que también quieren defender). Es la espada flamígera que se le entregó el día de su instalación. Por tanto, dos espadas: la del primero de ellos –el Venerable–

por medio de la Ley, contra cualquier irregularidad interna; y la del último de ellos –el Tyler–, por la espada, contra cualquier amenaza exterior.

Capítulo VII

El templo y su orientación

«La piedra rechazada por los constructores fue cabeza del rincón» ('eben ma'asa habonim hayta le-rosh pinah)[111]. O lo que es lo mismo: fue la piedra angular.

La piedra

La piedra es la unidad molecular de la construcción. Se presenta de forma bruta. Es la piedra informe que desbastan los aprendices. Es el hombre sin instrucción; y la piedra tallada, el hombre instruido, en camino.

Sin embargo, como dice Jules Boucher, y como ya hemos desarrollado antes por nuestra cuenta, «la piedra bruta significa la libertad que acaba de conquistar el recién iniciado».[112]

Porque la piedra tallada que éste es, recobra el estado de la piedra bruta. Como ésta para el artesano que va a labrarla, también él, en virtud de la iniciación, está abierto a su propia virtualidad. No olvidemos que, una vez cubicada, el cubo o *dado* (que es lo que significa en griego la palabra *kubós*) tiene las 1+6+2+5+3+4 = 21 posibilidades que exhiben sus facetas. 21 es exactamente la posición א ב (b-a) que antes ya hemos visto, en la que la letra beit (casa, valor 21), dando la

---

111. cfr. Sal 118, 22. Véase también Actas 4,11, y I Pedro 2.
112. Jules Boucher, *La Symbolique Maçonnique* (más de 50 ediciones)

espalda al resto alfabético, está vuelta hacia el solo áleph (el Uno), *solus cum Solo*. De este modo se significan 21 posibilidades mistéricas, esotéricas, resultantes de la iniciación.

Se deduce que la cifra de la piedra bruta es la inversa 12, cifra no referida en este caso al ciclo perfecto anual o apostólico, etc., sino que 12 es la posición ב א (a-b), donde la letra beit (casa), dando la espalda al áleph principial, está abierta hacia el resto del abecedario, que es el Mundo, adoptando por tanto la postura exotérica. ¿Qué ha pasado? Que el recién iniciado, que miraba hacia la trascendencia, se vuelve al mundo, y al volverse, crea peldaño, un alto, antes de girar de nuevo y volver a la trascendencia; y alcanzar un nuevo alto.

En su camino, el iniciado (como tal ya *labrado* y *tallado*) será siempre piedra bruta cara a lo que le sobrepasa sin término. Cada vez, en presencia de un nivel más alto, se encontrará ante la posibilidad o ante la obligación de ser de nuevo aplomado, escuadrado y nivelado, aunque, en estos supuestos, será él mismo preferentemente el artesano.

Puesto que el símbolo permite la realización adecuada a su propio orden, ¿qué valor espiritual añade el de la piedra así comprendida? Hay al menos un tema de reflexión: por un lado la obligación de vivir en el mundo (a–b, piedra bruta), y por otro la sed inmarcesible para revolvernos en la contemplación (b–a, piedra tallada). Y la reflexión portará sin duda su fruto espiritual, esto es, ontogénico;[113] porque a una piedra que se talla, le sigue a continuación otra.

El pan nos aporta la idea del hogar, y la de las cosas buenas de la vida. En las tenidas de banquete, la Masonería llama *piedra* al pan.[114] Interesante. Hace burla al tentador que dijo: «si eres el hijo de Dios, dí a esta piedra que se convierta en pan».[115] El masón, en una pirueta, eleva el pan del banquete a la categoría del pan de su trabajo, la piedra. Es interesante ver, en hebreo, que la penetración de la palabra *padre* אבא (*'aba*) en la palabra *hijo* בן (*ben*), da la palabra *piedra* אבן (*'eben*). Con lo que que padre e hijo[s], las generaciones, Jacob y los suyos (una totalidad, la del pueblo de Israel), vienen siendo simbolizados por la piedra, de cuya micronización en elementos minerales provienen los vegetales y el pan mismo. De modo que la piedra no puede ser sino la de fundación. La del mundo.

En efecto, interpretando la palabra *'even* en la frase *misham ro`eh 'eben yisrael* («desde allí pastoreó a la piedra de Israel»),[116] el Rashí dice que ese *'eben* es un acrónimo de *'ab* y *ben*, «padres e hijos». Y cuando el Cristo dice que «poderoso es

---

113. No cedemos al pensamiento esotérico que, al No-Ser, atribuye prioridad y anterioridad sobre el Ser, que de aquel habría surgido. No estamos en filosofía hindú, que algunos llaman metafísica. Dios, precisamente, es el Ser, como vemos en Éx 3, 14. La imagen que, inmediatamente, nos viene en mente a este efecto, es la del caos (tohú-bohú) previo al FIAT LUX.
114. Al vino se le llama *pólvora*, a la botella *barrica*, al vaso *cañón*, se dice *cargar* para llenar el vaso…
115. cfr. Lc 4, 3 *et all.*
116. Véase el Tratado Sotah 36b, línea 40.

Dios para hacer surgir de esas piedras hijos de Abraham»,[117] acaso estaba diciendo lo mismo. O acaso aplicando el *à peu près* entre piedras (*'avenim*) e hijos (*benim*).

El sueño de Jacob

Puesto el Sol en su ocaso, Jacob durmió en el lugar de *Luz*, que es la Casa de «El» (Beit-Él), en la tierra de Canaán, donde tuvo un sueño. Su cabeza se apoyaba en la piedra que eligió. Desde ella –soñó– se elevaba la escala por la que los mensajeros de Dios subían y bajaban.[118] Allí estaba Yahvé; y Jacob no lo sabía. Y recibe la promesa que primero recibió su padre.

117. Mt 3, 9.
118. cfr. Gén 28, 10 ss

Así, tenemos la piedra. Es la casa de Dios que Jacob va a ungir con óleo, altar para los sacrificios al Uno, que pronto serán incruentos. Y tenemos la escala de los ascensos y descensos, lugar de sus mensajeros; de las etapas o altos de los iniciados. El sitio se llamaba *Luz*.[119]

Luz es «ese punto resurrector en el que germina el árbol dorsal que, franqueando el espacio cielo-tierra, traspasa los *estados superiores del ser*, y atraviesa la clave de bóveda cósmica o craneal para alcanzar al Eterno».[120] De acuerdo con esta imagen es la subida por altos. En correspondencia hindú, se asemeja al viaje a través de los siete *chakras* por los que, despertándolos y abriéndolos, sube la serpiente Shakti en su búsqueda de Shiva. Es la escala que debe abordar el aprendiz. Y aquella piedra, terrible lugar, es la famosa de fundación y la puerta del cielo,[121] que Jacob va a levantar y ungir con aceite. En su iniciación, el aprendiz la golpeará tres veces, como pidiendo permiso para entrar. Sobre ella reposará en su momento el *qodesh haqodashim, sancta sanctorum* del Templo de Jerusalén.

En su substancia, la piedra es la materia sobre la que labra el Maestro cantero y el tallador, transformándola de bruta en cúbica. Es para cada uno, sobre todo, respuesta a la

---

119. Hebreo Lamed, Wav, Záyin.
120. cfr. Jean Tourniac, *Les tracés de lumière*, Ed. Dervy Livres, 1976, p. 25.
121. Los símbolos fuertes son poderosamente aglutinantes. A la candidatura de Betel para el *sancta sanctorum* del Templo, se añade la de la piedra que sirvió de ara para el sacrificio de Abraham en el monte Moria. Es la misma sobre la que, en la noche del destino, emprendió Mahoma su viaje nocturno, y que se encuentra en el Domo o Mezquita de la Roca, en la explanada del Templo. No agotamos las candidaturas. Acaso debiéramos añadir la piedra del Calvario donde murió el Señor, pese a encontrarse entonces en las afueras, siendo dicha «calavera» la de nuestro padre Adán, allí enterrado.

injunción petrina *tu es petrus* (tú eres piedra), «reproduciendo tanto como sea posible, en el seno de nuestra inestable naturaleza, la estabilidad e inmutabilidad del Señor».[122] En efecto, va a ser él, y sólo él, la piedra de fundación (o de fundamento) de su propio templo interior o logia que deberá edificar, mientras que la piedra de ángulo ocupará una función distinta. «Vosotros habéis sido integrados en la construcción que tiene por fundación a los Apóstoles y los profetas: y la piedra angular es el mismo Cristo Jesús»:[123] aquí se diferencian claramente ambas piedras.

Es igualmente cierto que el Cristo, siendo el A y el Ω, el Principio y el Fin, «es el FUNDAMENTO de la fe y la piedra ANGULAR que corona el edificio».[124]

No se debe confundir –como tanto se hace– entre la piedra de fundación y la piedra angular, ambas en relación con la que debe ser considerada la primera piedra. A este respecto observamos una cierta indeterminación en sus respectivos oficios. Si Pedro es la piedra de fundación o fundamento (*sobre esta piedra edificaré mi Iglesia*), la piedra angular que lo corona todo, gracias a la cual todo se sostiene, verdadera clave de bóveda del conjunto, es la piedra rechazada: el Cristo. Sin embargo, se dice piedra «angular», esto es, del *ángulo*; no la del ángulo que garantiza la solidez y el equilibrio del arco ojival, ni la que remata y perfecciona el templo «de este modo, el embellecimiento que aporta la piedra angular [el Cristo] coronando la cima de un edifi-

---

122. Gregorio de Nisa a Olimpios, *Sobre la perfección.*
123. Ef 2, 20-22.
124. Gregorio de Nisa, op. cit.

cio, etc.),[125] que no valdría sino para un esquema de geometría plana. Al contrario, se la coloca en el ángulo nordeste en la base de la construcción, que es la primera piedra. En ese mismo ángulo se posiciona en logia al recién iniciado, pues, más que otra, es él la piedra fundamental o de fundación del edificio que él mismo tiene que construir en sí.

Vemos una imagen de aquella confusión en el profeta Isaías 28, 16: «Así habla el Señor Dios: Yo mismo pongo en Sión una piedra, una piedra escogida, piedra angular (hebreo, *'even pináh*), preciosa, verdadera piedra de fundamento (*'even shetiáh*), y quien crea en ella no caerá. Y tomaré el derecho como plomada y la justicia como nivel».

Es la base fundamental de los edificios. En Masonería, los principios sobre los que descansa la Orden. El Venerable, en la logia, es la piedra angular del templo, considerado éste como la reunión de francmasones.

Por lo que respecta a la ciudad tradicional, la piedra no puede dejar de recordarnos su *mundus* o centro fundacional, el altar primigenio, el alto lugar de comunicaciones para el conjunto de ciudadanos, de donde parte la dimensión vertical. En el *decussus* (cruz de cardo y *decumanus*), consagrado a los manes tanto como a los dioses infernales, ese *mundus* era un hoyo profundo y redondo donde se depositaban en el momento fundacional las primicias de la tierra. Uso que perdura. Lo vemos tanto en el ritual para la excavación de las fundaciones del templo cristiano, como para la fundación de la obra del templo masónico.

---

125. Gregorio de Nisa, op. cit.

De noche, sumido en tinieblas, parece adoptar la naturaleza del Aprendiz. Lleno de sombras a la luz de la Luna, es la piedra bruta, sin labrar. Con la claridad del día el Sol talla la piedra, le verticaliza con la plomada, la mide con la regla, la nivela, la escuadra, la espiritualiza con el compás, le da luz y vida. Y aparece el Templo a la luz del día, piedra cúbica en todo su esplendor.

El conjunto de la fábrica reposa sobre la piedra de ángulo que sostiene el edificio. Se apercibe una relación profunda (y casi una confusión) entre la primera piedra, la piedra de fundación, la de ángulo o angular (*capstone, keystone*), y la clave de bóveda, *'eben pináh*. El estrecho parentesco es que todas ellas, antes de lo que son y de la función que cumplen, fueron todas piedras brutas, solicitando el masónico trabajo.

La piedra angular. La primera piedra

Jacob ungió con óleo la piedra alzada de su sueño, primero yacente y sobre la que durmió.

Tras depositar en una cavidad un documento relativo a la ceremonia que se celebra y para que conste siempre, cuya inscripción públicamente lee,[126] el Maestro de Ceremonias comprueba ceremonialmente con un diálogo ritual, que la piedra va a ser colocada según las reglas de la arquitectura:

126. En la logia *ut supra* dice: *Annuente Deo Optime Maximo, Imperii Victoriae Reginae Nostrae delectissimae, Anno XXIV Ærae Architectonicae MDCCCLXI, hunc primum lápidem Aulae Architectonicae Quebecensis posuit* [siguen los nombres de los arquitectos y fratres masones que presiden].

se le ha aplicado la plomada a todas sus aristas, el nivel a su cara superior, y la escuadra a las partes que deben ser escuadradas. Y anuncia que va a concluir él mismo el trabajo. Da con la maza tres golpes sobre la piedra angular (*the corner stone*), recita una invocación.[127] Derrama luego sobre la piedra el trigo, el vino, la sal y el aceite[128] que le han sido traídos en los vasos adecuados, concluyendo con otra invocación que repite la bendición sacerdotal mosaica:

> Que Dios sea misericordioso con nosotros y nos bendiga. Que Él nos muestre la luz de Su rostro y nos bendiga. Que el Señor eleve la luz de Su rostro y nos dé la paz ahora y para siempre.
>
> Amén

Todo ello se efectúa sobre análogo modelo al de los rituales de la dedicación o consagración de la iglesia y del altar cristianos. La ceremonia se iniciaba circunvalando el Obispo la iglesia que debía ser dedicada. En su interior –la planta recorrida en aspa por los abecedarios griego y latino en señal de totalidad– asperje el edificio con una mezcla de agua y vino, y procede a la unción de los muros y de las columnas (de haberlas) que simbolizan a los apóstoles. Repite lo mismo en

---

127. «Bien formada y perfectamente ubicada, pueda esta empresa ser conducida y completada por los artesanos conforme al gran plano, en Paz, Armonía y Amor Fraterno». De la colocación de la *cornerstone* o primera piedra, por la *Masonic Hall Association*, en la logia de *St. Lewis Street* de Quebec, el jueves 8 de agosto de 1861.
128. El trigo es símbolo de abundancia, el vino de alegría, el aceite de paz y unanimidad, y la sal de fidelidad y amistad. Aparecen juntos en la Biblia al menos en Esdras 5, 9 y 7, 22.

el altar del sacrificio incruento, que incensa abundantemente. Antes de la deposición en el hueco excavado de los documentos (acta de la consagración ahora en curso, depósito de monedas contemporáneas, etc.) y reliquias de los santos que se traen procesionalmente, procederá a la lustración y unción del altar. Para lustrarlo, comienza derramando sal en forma de cruz, y bendice el agua, a ser derramada tres veces sobre el altar, como ocurre en el rito del bautismo. Lava la mesa y sus columnas, y las escurre con un paño de lino. Pronuncia un amplia fórmula de bendición, y unge cinco veces la piedra con el santo crisma, antes de bendecir manteles y vasos sagrados. Depositadas las reliquias, el Obispo celebra la Misa.[129]

La Orientación

El Oriente es el teatro del FIAT LUX. En el Templo, el lado donde, ocupando la cátedra del Rey Salomón, se sienta el Venerable que, situado en lugar preeminente, define con su sola presencia un «alto lugar», realzado con un estrado al que se accede por medio de 3 peldaños (en las tenidas ordinarias, además del Venerable, ocupan dicho estrado el Orador y el Secretario). Para Aprendices y Compañeros, es la fuente de la luz masónica, de quien proviene la orientación y la dirección de los trabajos.

---

129. Se trata de un resumen, pues existen variantes según tiempo y lugar.

Al lado y lado, perpendiculares, los hermanos se tienen en una de las dos «columnas», respectivamente la de los Aprendices a la izquierda y la de los Compañeros a la derecha, separados por el damero central del pavimento. Durante la tenida se volverán normalmente hacia el *caput* de la Logia, su Oriente, hacia el Este, hacia el Venerable. Hay cruce de símbolos. Proviniendo la luz física de Oriente, deberán, en la misma dirección, ir a la zaga de la luz metafísica. Como ya están iniciados, lo consiguen, bañados por la misma luz en diferente grado según el nivel íntimo de cada uno, verdadero secreto masónico. Volverse hacia Oriente es ya un salir de la oscuridad, a saber, emprender el total del viaje iniciático.

El Sur está a la izquierda del Sol en su zenit. Es el lado derecho del templo; allí se sientan los Compañeros bajo tutela de la Columna *Yakín* (hebreo, «Él constituirá»), alineados con el primer Vigilante, que ya hemos visto sentado en el Sudoeste. Mediodía, sin sombra proyectada, es también el origen del decaer del día.

Septentrión es el lado izquierdo del Templo, oscuridad donde se instalan los Aprendices bajo la protección de la Columna Bo`az (hebreo, «en Él la fuerza»). Opuesto en todo al mediodía, en la medianoche el Sol está en el nadir, que es cuando se concluyen siempre los trabajos masónicos. Medianoche: el lugar donde los Aprendices progresan con el movimiento ascendente de la luz, místicamente hacia la luz.

Correspondientemente, el lado Norte, sumido en oscuridad, no va provisto de ventana alguna. No así los otros tres lados, cuyas ventanas nos permiten asomarnos al espectáculo de las metamorfosis de la luz que, desde el Venerable, alcanza el zenit sobre los Compañeros, antes de ponerse en el Ocaso donde todo acaba.[130]

La disposición de la logia pone de relieve el eje E/W sobre el que giran los talleres, lo que corrige el dato cosmológico N/S del giro terráqueo.[131] El universo que es la Logia ocupa tres direcciones activas: Aprendices, Venerable y Compañeros.[132] Queda la cuarta dirección que el Ocaso ilumina. Occidente es el lado por donde el Sol se pone, y por donde se accede al Templo masónico. Opuesto al Oriente luminoso y metafísico es la penumbra de lo concreto, de la organización y del trabajo. Es donde se ubican los dos Vigilantes que hemos

---

130. En una obra anterior (*La Cruz*, Ediciones Obelisco, Barcelona, 1993) nos referíamos de otro modo y en otro contexto a las metamorfosis propias de la orientación. Decíamos: «Adaptando el termómetro de Van Dongen que ilustra los VIAJES EN KALEIDOSCOPIO y donde contemplamos las 4 partes del Mundo, del lado del Este descubrimos gusanos de seda y baños calientes; en Mediodía, el plomo fundido y la canícula de Senegal; en Occidente, mirtos y naranjos; Beresina y Alaska en el Norte. Y la cosmología atractiva que nos envuelve estará hecha de vientos del Norte («boreas») y de vientos del Sur («austros»), de oleadas y mareas, de fuerte calor en verano y de hielos en invierno. Es el kaleidoscopio («yo recolecto bellas imágenes») de la Creación y el de sus cuatro esquinas, donde el Ser ocupa el Centro, Sol maravillado».
131. El cambio de *orientación* o designación para adecuarse a la física del sistema solar, apunta hacia una mítica e hiporborea situación anterior, desaparecida antehistóricamente por revolución catastrófica del globo.
132. El gremio medieval no siempre tuvo tres grados, sino muchas veces, al principio sobre todo, sólo dos: Aprendiz y Compañero. Es relativamente más tarde cuando se completa con el tercer grado de Maestro. No obstante, no entramos en este tema, que bien merecería un estudio monográfico.

dicho, uno que dirige, y el segundo que garantiza la ejecución de las órdenes. Es la localización más desierta de hermanos masones, pues sólo hay tres. Puerta de salida (y de entrada), verdadero lugar de las metamorfosis, allí se ubican los dos Vigilantes y el Cubridor, que asegura que se esté *a cubierto*, velando porque ningún profano altere la paz de la tenida. Los Vigilantes lo son de los trabajos; y el Cubridor es figura de cancerbero, o acaso psicopompo. Cuando deje su función al cabo de 3 años, el Venerable pasará a ocupar humildemente este último puesto.

Los Vigilantes forman la base del triángulo ascendente, de fuego, cuyo ápice es el Venerable, mientras que el Orador y el Secretario, sobre el estrado, serán la base del triángulo de agua cuyo ápice ocupa el Cubridor. La Logia queda salomónica y herméticamente sellada.

Hemos dado el esquema mínimo para una tenida ordinaria. El rito escocés tiene un cuadro de dieciocho oficiales. En el rito francés son uno menos, a saber: un Venerable. Un 1.º y 2.º Vigilantes; un Orador; un Secretario; un Gran Experto; un Tesorero; un Hospitalario; un Porta-Estandarte; dos Maestros de Ceremonias; un Archivero, Guarda-Sellos y Timbre; un Arquitecto; dos Expertos; un Maestro de Banquetes y un Hermano Cubridor.

Orientación del templo

Estamos utilizando casi indistintamente las palabras «templo» y «logia», aunque físicamente el templo se encuentra dentro de la logia. No ignoramos lo que uno y otro significaron en su origen. La logia (alemán *Hüte*) era un lugar utilitario de reunión y de herramientas. Para muchos se deriva del sánscrito *loca* o *loga,* que significa *el mundo.* Es afín al término *locus* que los romanos daban a los bosques sagrados. Por último, la *logia* es el lugar donde se practica el *logos* y se interpretan los jeroglíficos. Le son sinónimos los términos de *taller* (de iniciación), *escuela, templo* y *santuario.* En realidad es una reunión de francmasones. Su número no será inferior al de *siete* hermanos, porque, según el ritual, *tres* la gobiernan, *cinco* la componen y *siete* la hacen *justa y perfecta.*[133] Podríamos analizar todavía más el término de *logia,* que abarca demasiadas cosas: logia capitular, de adopción, de dolor, de instrucción, de perfección, irregular, logia madre, etc.

El Templo (del latín *tueri,* i.e., escrutar; o de la raíz griega *tem,* cortar) es la réplica en el suelo de un *topos* celeste que el antiguo augur definía y delimitaba. Para su construcción importaba levantar primero las direcciones equinocciales y solsticiales: señal preliminar de separación entre lo sagrado y lo profano, lo es a veces de la dedicación de la iglesia y del propósito del maestro constructor.[134] Estrechamente ligadas están las fiestas fundamentales de los dos sanjuanes, que, celebrando el máximo apogeo y el máximo ocaso de la luz, nos dan la dirección vertical de la Logia o Templo, el centro de las asambleas de los iniciados. «Logia» o «Templo», a veces nada

---

133. cfr. *Diccionario Enciclopédico de la Masonería,* escrito y ordenado por Francisco Frau Abrines, México 1976. Tomo II, p. 719.2
134. Son ilustrativos a este efecto los hallazgos de Jaime Cobreros y Juan Pedro Morín sobre la luz equinoccial de San Juan de Ortega (*El Camino Iniciático de Santiago,* 1.ª edición en Ed. 29, Barcelona 1972.

concuerda: «los autores masones siguen discutiendo sobre las apelaciones respectivas de "Templo" y de "Logia". Para unos, la Logia es el templo mismo. Para otros, es únicamente un grupo de masones. Para otros más, la Logia sólo existe cuando los masones están reunidos; y luego desaparece» [135]...

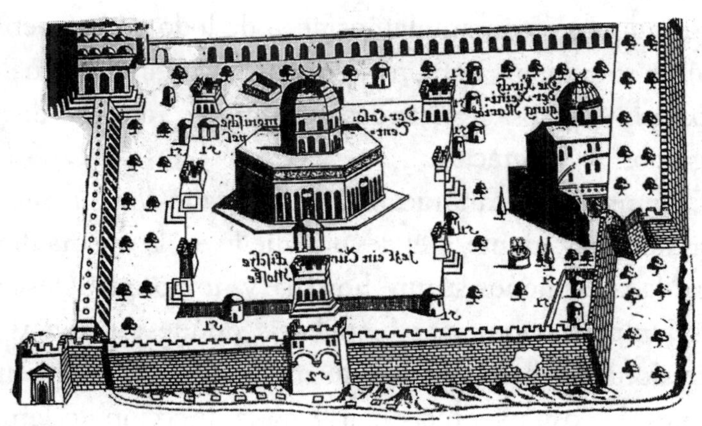

Templo

Hemos visto que el conjunto de la fábrica, llamada también *tabernaculum*, si la logia está reunida, se ordena simbólicamente hacia el Oriente. Y hemos visto que los aprendices se colocan al norte, el lugar más oscuro; los Compañeros al sur, y el Venerable al Oriente de la logia, que es de donde viene el Sol. Se aprecia una partición solar de funciones.

135. Jules Boucher, op. cit.

La sinagoga de hoy y la mezquita distinguen entre hombres y mujeres (como hasta hace no tanto hacía la Iglesia en algunas zonas, como en el País Vasco). En la mezquita, los hombres-soldados se colocan hombro a hombro en filas verdaderamente prietas. La iglesia también segrega a la clase sacerdotal y sus acólitos en el presbiterio, a los fieles en la nave, y (en los primeros siglos) a los catecúmenos en el atrio exterior, etc. Sin tocar el tema de las castas y razas en la cultura hindú. La razón antidemocrática de todo ello es perfectamente simple: los hombres estamos distintamente cualificados e investidos, generándose por propio impulso distintos grados de separación.

El Templo está canónicamente orientado con su cabecera mirando al Oriente, y el devoto vuelto en la misma dirección. Nada es menos seguro hoy día, y no porque iglesias y otros templos miren más bien hacia donde pueden y no hacia donde deben. Cientos de millones de musulmanes, después de postrarse inicialmente en la dirección de Jerusalén, miran sólo hacia La Meca. Es la *qibla,* la dirección ritual de la oración que gobierna al Islam. Fueron los primeros en abandonar la dirección del Levante, propia de los pueblos de la antigüedad. Aparece una sonora excepción con la construcción del Templo de Jerusalén, donde *ulam, hekhal* y *debir* se ordenaban hacia lo que hoy es el muro de las lamentaciones, o muro *occidental,* a saber, hacia Occidente. Por no hacer como los idólatras que miraban al Sol, vuelven la espalda y orientan su *Sancta sanctorum* hacia el Ocaso.

También hubo partición en el Templo de Jerusalén, rodeado de diferentes atrios concéntricos que definían diferentes ámbitos de separación, de santidad: el de los gentiles, el de las mujeres, el de los israelitas y el de los sacerdotes. Estos estaban previos al santuario mismo. Precedido de dos columnas, constaba de un *ulam* (el pórtico), el *hekhal* (el santo; lit. palacio), y el cúbico *debir* (el santísimo) sumido en oscuridad. Repite la distribución del templo mesopotámico y egipcio, con sus pórticos, la *pronaos*, y la oscura *naos*. De ahí que todo se *orienta* hacia la oscuridad.

Por aquellos tiempos del Templo jerosolomitano (que se cierran con la «tumba vacía» del nazareno, y definitivamente en el año 70), Occidente no es, sin embargo, la orientación propia del monoteísta (correspondiente a la dirección del eje de las puertas, y sólo válida en el interior de su área), sino que el mismo Templo constituía la «dirección» (*qibla*) hacia donde se vuelve el espíritu de Israel; su *Oriente*. No debe ofuscarnos ningún «volver la espalda al Sol», porque de modo emblemático, a la «orientación» que caracteriza universalmente el espacio sagrado, corresponde, con análogo pero más encarnado valor, la «occidentación» del Templo de Jerusalén: huyendo de la idolatría, el sacerdote y el pueblo miraban hacia la cabecera Oeste del eje del Templo, hacia el *Sancta sanctorum* permanentemente en tinieblas, más espesas todavía cuando se quedó vacío del Arca de la Alianza, ya antes del Segundo Templo. Y orientándose (mejor, «occidentándose») de este modo, el sacerdote y el levita contemplan el Ocaso,[136] mientras que el israelita en la ciudad y en el país, enfrentando la Casa de Yahvé, cierra los círculos concéntricos que envuelven de santidad al Templo.

---

136. cfr. Rambám, *Guía de los Perplejos*, cap. IV.

Porque «nuestro padre Abraham eligió el monte Moria, el más encumbrado de aquellas comarcas; y proclamó la unidad de Dios, designó la *qibla,* y la fijó exactamente hacia Occidente». Es lo que dan a entender los doctores con estas palabras: la Majestad divina está en Occidente. Ellos mismos expusieron en la guemará del tratado Yomá, que fue nuestro padre Abraham quien determinó la *qibla,* es decir, el emplazamiento del Santo de los Santos; y la razón es, a mi juicio, la siguiente: como entonces era opinión muy difundida que debía rendirse culto al Sol, considerado como dios, indudablemente todo el mundo se volvía hacia Oriente al hacer oración. Nuestro padre Abraham tomó como *qibla* al monte Moria, es decir, el lugar del santuario, el lado occidental, con el fin de volver la espalda al Sol. ¿No ves qué hicieron los israelitas cuando su defección y su infidelidad los retrotrajeron a esas antiguas creencias?: «vueltos de espaldas al santuario de YHWH y cara al Oriente, y hacia el Oriente cara al Sol, se postraban»[137].

Desde el año 2 de la Hégira, *Qibla* es término árabe que designa la dirección de la *Ka`aba* en La Meca, lugar geométrico hacia el que se vuelven los musulmanes cuando cumplen con la *salâh* u oración ritual. Sustituye para el musulmán la anterior *qibla* hacia el monte del Templo en Jerusalén. Este cambio de *qibla* ocurrió por primera vez en el año 2 de la Hégira, en la mezquita de Medina, llamada desde entonces de las 2 qiblas: el Profeta, durante la oración, se giró bruscamente en dirección a La Meca, siendo inmediatamente imitado por todos los presentes…

---

137. Ez 8, 10.

Cuando resulta difícil establecer la *qibla*, la oración puede efectuarse en cualquier dirección. «Pero de Alá el Saliente y el Poniente; así pues, dondequiera que os volváis, allí la faz de Alá. En verdad Alá amplio, sabio». Tales centros son el verdadero «polo» del mundo y puerta del Cielo, pues a su alrededor se forman los círculos concéntricos de los orantes. Al igual que en el templo cristiano, el eje del de Jerusalén es Este-Oeste; pero a diferencia de los demás, su cabecera es occidental. Es la opción por la oscuridad teofánica que se despliega a todos los niveles: oscuridad del arca, desde la de José, que sólo transportaba y escondía sus huesos mesiánicos; y oscuridad de su destino desde que inicia periplo tras salida del fértil Egipto, por entre los yermos del Sinaí. Precursora del Arca de la Alianza, será luego portada junto a ella «codo a codo», para verse ulteriormente oscura y definitivamente sustituida por ésta. Por la Ley.

Aun así debemos reconocer que, sobre el papel, la orientación *en* logia es acaso el mejor ejemplo de escenificación del símbolo. Al fallecer, el masón entrega las herramientas terrestres, pasando al Oriente Eterno.

CAPÍTULO VIII

Símbolos de la logia

a hemos venido hablando de la logia en sus diversas funcionalidades, y especialmente en su sinonimia con el templo y su orientación. Ahora veremos los aspectos más propios de la logia masónica.

La logia

La logia es el lugar donde trabajan los masones de los tres primeros grados. Su nombre es la traducción literal del inglés *lodge*, sinónimos del alemán *bauhutte*.

Su función es la de abrigar los trabajos de la curiosidad y de las miradas profanas. La porción de la logia destinada a los trabajos se denomina «templo»

Es un cuadrado que se extiende a lo largo entre el Este y el Oeste, a lo ancho entre el Norte y el Sur, y en profundidad desde la superficie de la Tierra hasta su centro, siendo tan alta como los cielos. Para Walter Leslie Wilmshurst no se está definiendo un volumen cúbico, sino al hombre mismo: *man himself is a Lodge*; porque, al igual que cualquier otro aspecto masónico, la logia será figurativa de la constitución humana.

Los cuatro costados de la logia son también muy significativos. El Este se refiere a la espiritualidad, que ya sabemos es tan reducida entre los hombres. El Oeste, su lado opuesto, representa la racionalidad y la atención que ponemos en los asuntos cotidianos; el sentido común. Entre ambos, entre la espiritualidad y la racionalidad, participando de ambas, se halla el Sur (a la derecha, podríamos decir), dominio de la abstracción y de la ideación. En sus antípodas está el oscuro Norte, feudo de las sensaciones, de los reflejos y de la ignorancia.

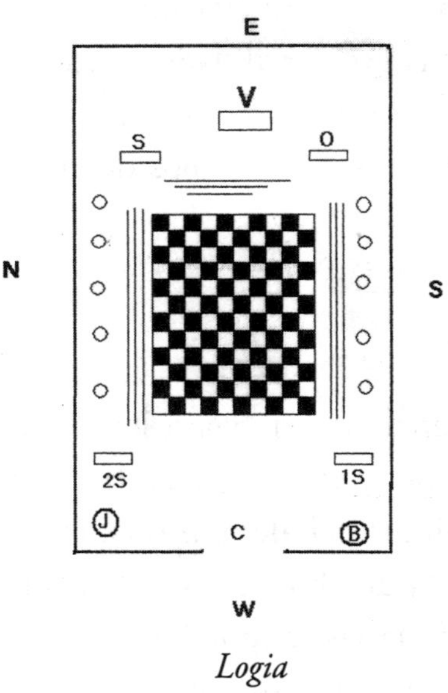

Logia

La dimensión de profundidad de la logia adopta un punto de vista algo distinto. En cuanto se refiere a la misma Orden dividida en grados, designa la verticalidad respectiva de los mismos; y en cuanto es del hombre del que hablamos, traza la verticalidad de sus estados «humanos», la distancia entre sus instintos y su conciencia espiritual. La altura de la logia (*tan alta como los cielos*) apunta a la multiplicidad de los estados «del ser».

Por último, y como es sabido, la logia se sostiene sobre tres famosos pilares inmateriales: Sabiduría, Fuerza y Belleza. No hay que buscar muy lejos el modelo, siendo aquel de quien se dijo que «crecía en estatura, en sabiduría y gracia delante de Dios y de los hombres».[138]

Con este análisis podríamos deducir el lugar dónde deben ubicarse en la logia los principales *oficiales dignatarios.* Sobre el estrado, al que se asciende por tres escalones, y ocupando el Oriente, se hallan el Venerable, el Orador y el Secretario. El Venerable, en el centro, dirige los trabajos. Delante suyo una mesa o altar, y a su derecha e izquierda respectivamente el Secretario, que levanta, actas, etc., y el Orador (cuya función es similar a la de un fiscal), cada uno con su mesa.

Ante ellos, en el lado opuesto occidental, el Primer y Segundo Vigilante están provistos de un mazo o mallete para repetir los golpes del Venerable. Se encuentran ambos delante de las dos columnas *Yakim* y *Bo`az*, cada uno a la cabeza de su columna respectiva. En la puerta, el hermano Cubridor espada en mano.

En los laterales se hallan diez columnas sosteniendo la bóveda (cinco y cinco), como igualmente la sostienen mejor las tres imaginarias de Fuerza, Sabiduría y Belleza. Delante de ellas, las hileras de bancos. En el Norte para los aprendices, y en el sur para los Compañeros. Los Maestros se pueden situar indiferentemente en uno u otro lado.

Existen otros oficiales dignatarios, sobre todo para las ocasiones especiales. Así, un *gran experto* que dirige las iniciacio-

---

138. cfr. Lc 2, 52.

nes, un Tesorero, un Hospitalario (controla la caja o tronco de beneficencia), un maestro de ceremonias, uno de banquetes, un archivero (guarda-sellos y timbre), un arquitecto, etc.

Además del templo, la logia cuenta con una sala de recreo y diversas cámaras, un secretariado, el alojamiento para el conserje de la logia (obligatoriamente iniciado aprendiz), y un segundo templo para las reuniones de los maestros provistos de Altos Grados.

Como ya hemos dicho anteriormente, la logia se compone de unos 30-40 hermanos. Asisten a las tenidas con sus mandiles y guantes blancos (los oficiales, además, con sus insignias, mazo, espada...). Hay ceremonias ya comprometidas a lo largo del año: apertura de la logia en enero, banquetes rituales en los solsticios de verano e invierno, elecciones de fin de año, ceremonias de iniciación de nuevos miembros, etc.

Apertura y cierre

A la apertura de la logia debe corresponder una apertura similar de la mente a lo sagrado. Para que la logia se declare abierta, habrán concurrido un conjunto de condiciones y un determinado ritual, como posteriormente veremos. Será preciso el consenso de varios y la dirección de uno solo. Se repite análogamente para que se abra el hombre interior al Espíritu que lo inhabita: hará falta el consenso y el silencio de todas nuestras facultades; nos hará falta *azulejar* la mente, dejar a la sola voluntad por única actuante, de modo que se abran las puertas de la logia que portamos.

Los reglamentos indican todo lo necesario para formar logia, y qué miembros la componen. Los trabajos comienzan cuando ya han entrado todos en el templo, y a puertas cerradas, que ya no se abrirán durante la tenida sino por orden del Venerable. Dando por hecha la regularidad, se trabaja tal como lo describimos a continuación:

Para abrir la logia de Aprendiz, el Venerable da un golpe con la maza, repetido por el Primer y Segundo Vigilante. Y se procede a continuación del modo que indicamos en Anexo.

La apertura de la logia de 2.° grado afecta a los hermanos ya duchos en abrir la logia del corazón. Introduce trabajos que precisan una buena preparación psíquica y disciplina mental, pues se asoman a las manifestaciones del espíritu. Para la logia de 3.° grado importa saber que es la de la muerte mística. La corporal es su pálida figura. Así ocurrió en el 1.° grado con el nacimiento corporal: el candidato entraba en el camino de la regeneración, pero con la muerte queda regenerado.

Al cierre de la logia debe corresponder la reserva, intimidad y protección del contenido del trabajo de la mente. El obrero va a volver al espacio público.

Acabados los trabajos, el Venerable procede al Cierre. Antes de ello se hace circular el tronco de beneficencia (también llamado «de la Viuda») en el que cada hermano deposita su óbolo, y se pasa también el saco de proposiciones, tras lo cual se procede como indicamos en el Anexo.

Con el Venerable revestido aún ceremonialmente, es de notar que si se produjera algún desorden una vez la logia cerrada, tres golpes de mazo bastarían para reabrirla de nuevo, poner a todos los hermanos a la orden, y evacuar las diferencias producidas o castigar la anomalía.

El pavimento ajedrezado

El pavimento mosaico está inscrito en un *cuadrado largo* de discutibles proporciones ideales, siendo las más consideradas las del doble cuadrado, o las que responden a la sección áurea 1 x 1,618. Puede estar cubierto en parte por el *tapiz de la logia* en el que figurará siempre diversa simbología masónica, y si es la del cuadro de Aprendiz (porque, por ejemplo, el taller va a trabajar este grado), veremos en una misma figura las tres escalinatas, la dos columnas, el pavimento ajedrezado y la puerta del templo; y además tres ventanas, una piedra bruta y otra tallada, la cuerda con tres nudos, el Sol y la Luna, el cincel y la maza, la escuadra y el compás, etc.

Altar

El pavimento, perfeccionando la simbología del 2, forma un damero compuesto por cuadrados alternativamente blancos y negros. Se da por evidente la alusión a la dualidad que caracteriza a nuestro mundo: el gris cotidiano se deshace en sus genitores blanco y negro. La enseñanza oculta es la que tiende a mostrar la sublimación del gris –cotidianidad de quien no es lúcido– en un nivel suprahumano, a saber, conquistada la verdadera *resolutio oppositorum,* el negro queda subsumido en la misma luz que exalta al blanco. No sería vano, a estos efectos, meditar aun momentáneamente sobre la doctrina *teúrgica* que Moisés Cordovero expone en su libro de *mussar* (moral y buenas costumbres) llamado *La Palmera de Débora.* Acerca del origen del mal, nos instruye sobre la capacidad de creación del hombre-icono. Es un viejo tema. Sin embargo, verdaderamente no se trata de enseñanzas a ser enseñadas «fuera de logia».

Y vemos en el damero al blanco rodeado de negro; al negro rodeado de blanco. De modo que su contemplación nos invita a aquella reconciliación de los opuestos, la del bien y el mal, la de la materia y el espíritu, la de la luz y las tinieblas; la de nuestra propia alma. Nos remite sobre todo a la polaridad de la vida; a las componendas de que, sapientes o cobardes, nos sabemos perfectamente capaces.

El documento Wilkinson eleva el mosaico –creemos– a su modelo abstracto; a la hoja de papel cuadriculada en la que el constructor traza el plano. Aquí, en el damero en el suelo del templo, se podrían dibujar o cuadrar (por no decir cubicar) las figuras planas en su verdadero tamaño.

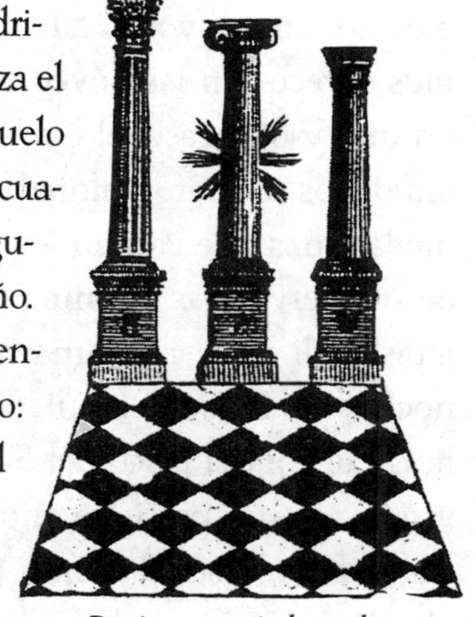

Pavimento ajedrezado

El por qué de su presencia vendría en el ritual del tercer Grado: «el pavimento cuadrado es para el caminar del Sumo Sacerdote» es decir, el de todos y cada uno de los miembros de la logia, cada uno sumo sacerdote de su personal templo interior. Se trata, por tanto, de saber andar por la línea inmaterial que, sorteando el blanco y el negro, esquiva la dualidad del mundo y la transciende.

La bóveda

La bóveda de la logia muestra en todo el dramático contraste con el damero del suelo. Éste sostiene el cuerpo sensual y material; la bóveda que lo cubre, su naturaleza etérea y, si fuera el caso, su aureola de santidad. Se la describe como *a celestial canopy of divers colours, even the heavens.*

Según Asterix, lo único que temían los galos es que se les desplomara el cielo sobre las cabezas. El de la logia, en cambio, nos incita a levantarlas, ante el espectáculo de la bóveda celeste y constelada. La mirada es intelectual. Se hace con más facilidad ontogénica con una cierta mirada, que, por ser mayor el silencio y la introspección, encontramos a veces en las bóvedas de las iglesias que lo ostentan. En uno y otro caso, el ojo se maravilla. Contempla la siembra de los meteoros, pintados o grabados en su raso y en los medallones que cierran los nudos de la bóveda de aristas y de sus nervaturas. Domina el azul claro, el aire del cielo o el lapislázuli de la nocturna bóveda celeste, sus abismos y la noche. Es la diosa Nout del templo egipcio que cada 24 horas devora el disco del Sol en su poniente. En la logia, la visión interior persigue al día en su discurso, desde el invisible Nadir hasta el Zenith en la clave de la bóveda celeste. El viaje de la barca de Ra hacia el Amenti.

Una de esas estrellas es la representación del alma de quien se eleva y que en tal bóveda brilla. Y es la guía de su propósito, simbólicamente, la estrella de Belén. Sirio, Canopus, Carina, Bellatrix, Beltegeuse, el zodiaco... arcanos que son también los del Aprendiz y los del hombre.

La columnas J y B

La prestigiosa Biblia de Ferrara traduce I Reyes 7, 21 del siguiente modo:

> y alevantó las colunas a portal del templo, y alevantó a la coluna derecha, y llamó a su nombre Yakim, y alevantó a la coluna la izquierda y llamó a su nombre Bo`az.[139]

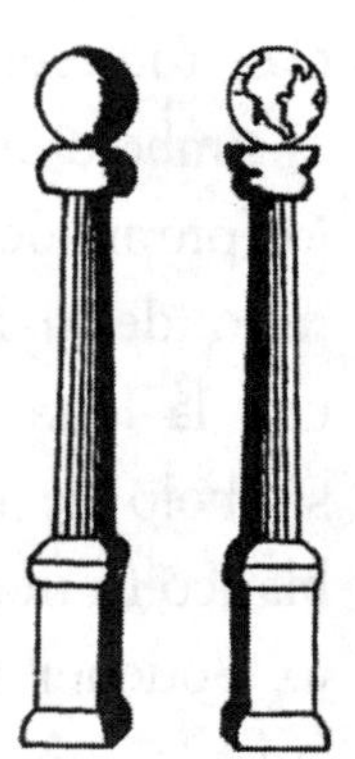

El nombre de ambas columnas, Yakim y Bo`az, forman juntas una frase hebrea que significa «Él establecerá con fuerza». La primera referencia de su asignación al templo masónico aparece, en los antiguos catecismos, hacia el primer cuarto del siglo XVIII, por tanto en plena etapa especulativa. Dos textos de 1724 afirman que ambas representan «la estabilidad y la fuerza de la Iglesia en todas las edades».[140]

---

139. Léase sobre este tema de las dos Columnas todo el capítulo VII.
140. Véase el interesante artículo «Les colonnes Antédiluviennes des Olds Charges» de la revista *Cahiers de la Grande Loge Provinciale d'Occitanie*, de diciembre de 1998.

¿Debemos, en el frontispicio de la catedral gótica, ver la repetición mimética, espontánea, de las columnas Iakim y Bo`az del templo salomónico? Ni éstas ni aquellas sostienen nada en sí, sino la bóveda del cielo que, con ellas, son el nártex previo al espacio sagrado. Por estar a la entrada, y entre quienes hay que pasar, su función separadora de espacios será andrófaga, iniciadora, tanto al entrar como al salir. Apuntalando un nártex sin bóveda de fábrica, sino la intelectual celeste, le queda al hijo de la Viuda la libertad de la bohemia para quien *les étoiles au ciel avaient un doux frou-frou.*

Las columnas de bronce se ubicaban delante del templo, aunque ya sabemos que la logia los porta dentro, en el lado occidental. Oswald Wirth,[141] citado por Jules Boucher, afirma el carácter masculino de la columna Yakim, a causa de la inicial Yod, correspondiendo con el símbolo del Sol y el color rojo, (propio del Adán); y el femenino, de la *Bo`az,* que empieza con la letra Beit, «casa», con el símbolo de la Luna y el color blanco (o negro). A este respecto, Boucher nos traslada el resultado que obtenemos si invertimos la dirección de la lectura, como cabe hacer tradicional-

Las colulmnas J y *B*

141. *Le livre du Compagnon.*

mente. Los nombres se tornan en *Nikai* y *Zoa`b*, significando aquél *coito* y éste *falo*, a saber, respectivamente el acto y el ógano de la creación.[142]

En su ubicación normal, si las contemplamos puestas frente al Templo, *Yakim* estará a la derecha, como corresponde a su carácter masculino; y *Bo`az* a la izquierda. Ahora bien, decimos que se encuentran dentro de la logia y desde el interior de ésta la posición relativa de cada una, para el espectador, es la contraria.

Figuras excelsas de las dos columnas que precedían la marcha de los israelitas por el Sinaí, de humo o de fuego, según fuera el día o la noche.[143] Nos remiten icónicamente a las opuestas teofanías que puede adoptar la divinidad.

San Pablo llama a los apóstoles «columnas de la Iglesia». De análogo modo el masón, aceptando sostener el total de su Orden, es una columna para su logia, teniendo que cumplir la respectiva función.

Las Luces

Las tres grandes luminarias son el libro de la Ley, la escuadra y el compás.

---

142. Tras minuciosa comprobación, no hemos encontrado gran cosa al respecto. La única posibilidad que pueda ser relativamente afín a lo que predica Boucher, son el verbo בכבס (*niknás*), entrar, introducir, y el verbo זב (*zab*), fluir gotear, manar, que a su vez da el substantivo זבויה (*zabut*), blenorragia, gonorrea. La exégesis sería la de *entrar y fluir* (coito y eyaculación)…
143. cfr. Dt 9, 16 y ss.

La primera luminaria es el Libro de la ley. Es la ley de Dios, que debiéramos poder interpretar con la simple introspección del corazón humano. En una logia rectamente ordenada, debe permanecer abierto en el primer capítulo del Evangelio de san Juan, patrono de la Masonería. «En el principio era la Palabra». Dilucidadas –si acaece– las relaciones entre el Libro y el hombre, le quedan abiertas las puertas de acceso a la palabra perdida (*verbum dimissum*), a cuyo respecto no debemos olvidar tampoco que buscarla es encontrarla.

La escuadra, que yace sobre el Libro, es el símbolo del alma, creada *escuadrada* por la mano de Dios, obra de la que dijo ser *muy buena*.

El compás va entrelazado con la escuadra. Es el espíritu del alma, el fuego y el hálito que la inhabita. De modo que las tres grandes luminarias resumen al hombre, cuyo total, subsumido corpóreamente en la escuadra, es simbólicamente el conjunto.

En el 1.° grado, las puntas del compás están ocultas por la escuadra; en el 2.° grado, asoma aparente una de ellas; y en el 3.° grado se manifiestan ambas: el candidato progresa desde su primera inercia hasta la actividad espiritual…

Tenemos en logia tres grandes luminarias: el Sol, la Luna y el Venerable. El Sol, astro luminoso que alumbra al mundo, indica que nuestras acciones deben ser lo bastante ajustadas como para no temer ser vistas a plena luz. La Luna, ese astro que sirve para conducirnos por entre las tinieblas y las sombras de la noche, indica que no hay sombras ni tinieblas lo suficientemente espesas para ocultar el crimen a los ojos de un justo vengador, ocupado sin pausa en velar y en castigar.

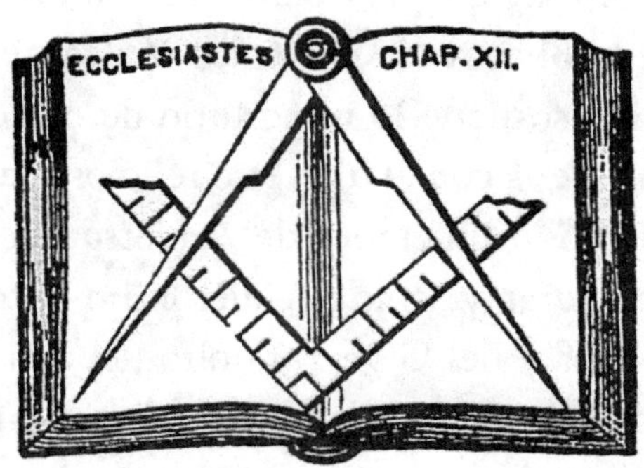

Las tres luces o luminarias:
el libro de la Ley, la escuadra y el compás.

El Venerable es el emblema de esos dos Astros, ya que, así como el uno ilumina el día y el otro la noche, nos indica que el Venerable ilumina su logia en todo tiempo, o así debe hacerlo. La Estrella flamigera y el pavimento mosaico son los ornamentos de nuestra logia. La Estrella flamígera, que constituye ornamento del medio de la logia, representando al fuego que brillaba sin cesar ante el Sancta Sanctorum, es un emblema de la piedad que, por el soberano Arquitecto del Universo, debe devorar sin interrupción nuestras almas y nuestros corazones.

El Libro

El Libro sobre el altar y ante el Venerable es tradicionalmente, según designio de la Gran Logia Unida de Inglaterra, una evidencia y constituye uno de sus ocho *landmarks*. Quien no lo asuma será censurado por irregularidad, y ya sabemos la importancia de este concepto masónico. Pero siendo la Masonería más amplia todavía, se aceptaría en principio otro libro sagrado, el Corán de los musulmanes, la Torah hebraica, la Bhagavad Gîtâ o los Vedas hindúes, etc. Y habiendo quien sostiene lo importuno de cualquier confusión de la Masonería con el universo religioso, cuentan los defensores de las Constituciones de Anderson como único libro sobre el que jurar, y así lo decidieron no hace tanto los convents de la GLF y del GOF. Para otros, el altar no es su sitio, siendo todo ello propio del Orador como guardián de los reglamentos masónicos: estaríamos ante una competencia de orden administrativo, y nunca de orden iniciático. Con estos rifi-rafes se pretendería en este tema, con señuelo, discernir en la pugna entre un sectarismo atribuido, y el atributo del universalismo. Según creemos, en las logias americanas se usa a veces como libro sagrado el de la Constitución de los EE. UU., y la espada sobre él.

Con la escuadra y el compás, el Libro es una de las tres grandes luces de la Masonería, sobre la que se jura la obligación. Está siempre a la vista durante los trabajos en logia.

Se asocia con la pluma o cálamo, símbolo de la inteligencia, y el libro en blanco es la materia prima que, bajo los efectos de aquélla, va a dar a luz a la creación. De modo que con el Libro se relaciona la pluma, pero también la espada, aquélla debiendo defender a ésta y a veces al contrario. La espada y la pluma, para el intelectual son una misma cosa, y las ve representadas con el brazo y la mano. Según un autor, la fuerza necesaria, y la fina ejecución del trabajo, el brazo y la mano, son los mejores útiles del hombre, directamente guiados por los brazos y las manos del espíritu.

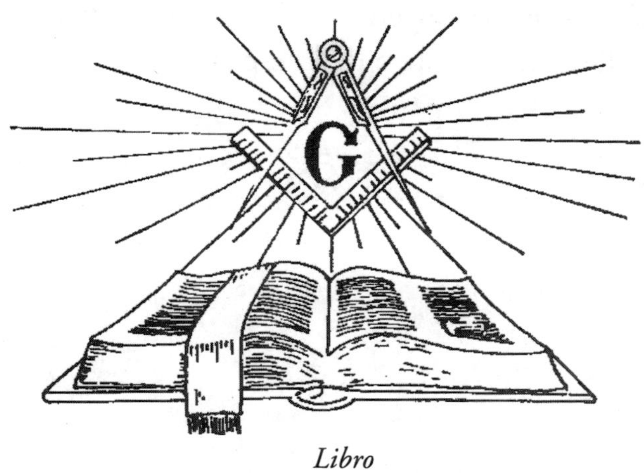

Libro

Hemos visto sobre el altar la espada y el Libro. En el 6.° grado (Secretario Íntimo) hay dos espadas desnudas, y dos en el 9.° grado (Maestro Elegido de los Nueve).

Para el *Dictionnaire de la franc-maçonnerie* [144] la espada debe ser examinada bajo dos aspectos: la espada flamígera, y la tradicional vista en la Masonería simbólica y en los Altos grados.

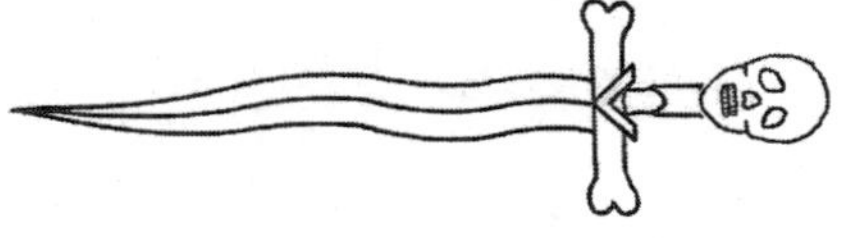

---

144. Edition PUF, Daniel Ligou, p. 415, París, 2004.

La tradicional de hoja recta la tienen todos los miembros de la logia en las ceremonias oficiales, y también para la recepción de un nuevo miembro. En algunas logias, éste pasará bajo un arco o bóveda de acero (*la voute ferrée… des épées croisées*) formado por las espadas de los hermanos. Desde el punto de vista histórico, su uso data del S. XVIII, y en los Altos Grados es de origen caballeresco. Es el tema esencia del Caballero de Oriente o de la Espada.

Capítulo IX

Signos y palabras

nmediatamente, el vulgo interesado identifica con la Masonería el conjunto indistinto de contraseñas, signos, o saludos,[145] a lo que se podría añadir aclamaciones, divisas, pasos, golpes, cantilenas, etc. Aparentemente estaríamos, por lo abstruso o por defecto de apriorismo, ante el símbolo en estado puro. En realidad son pequeños rituales que los contienen como nutrientes menores, con la finalidad de ser exteriorizados para cumplir con determinados objetivos. Realizan además la importante función de dar sabor, y algunas veces digestión y sentido, a la vida cotidiana del francmasón en logia. De modo minimalista, los vemos en la vida civil de cualquier ciudadano. Los agruparemos según podamos.

Por otra parte, salvo que todo esto sea un juego, dichos signos son *eficaces*, estando su uso (contemplación, sonidos, actos físicos e intenciones mentales) rigurosamente prohibido fuera de su ámbito, donde se los practica en condiciones rigurosas.

---

145. «Esos con una mano en la que juguetea el pulgar, al estrechar otra...», según manifestó en conocida ocasión el anterior Presidente de la República francesa, François Miterrand, refiriéndose a un Gran Maestre de una logia, que le hizo demasiadas cosquillas al saludarle.

Igualmente está prohibida un aplicación distinta, pues su nota de eficacia se desviaría a otros órdenes de la actividad humana, pudiendo hacer del operador un esclavo de la magia negra. Eficacia. Wilmshurst opina que «sólo los iniciados [de un determinado grado] y los grados superiores, son capaces de sostener la presión de la fuerza dinámica que se genera en la espiritual y concetrada atmósfera de dicho grado».

El *Arte del Perfecto Thuileur,* manuscrito del S. XVIII, «esencialmente destinado a los talleres que siguen o seguirán el Rito Escocés Antiguo y Aceptado», indica que en el grado de Aprendiz el signo se hace llevando la mano derecha en escuadra, horizontalmente a la altura de la izquierda; la palabra sagrada es B.; la batería, tres veces tres golpes iguales; y la marcha del Aprendiz se hará dando tres pasos empezando con el pie izquierdo.

En el grado de Compañero, el signo se hace llevando la mano derecha sobre el seno izquierdo, la palma levantada, mientras se eleva la mano izquierda a la altura del hombro con la palma hacia delante; la palabra de paso es S., y la palabra sagrada es J.

En el grado de Maestro, el signo de orden es extender la mano y llevarla con el borde tocando el vientre, la palma hacia abajo, y luego retirar horizontalmente la palma como si uno se hendiera el vientre, mientras se exclama *O Lord My God.* Hay un signo particular para la cámara del medio. Consiste en levantar las dos manos en el aire, la palma hacia delante, los ojos dirigidos al cielo, y llevarlas después hacia la tierra, descendiendo ambas manos a la vez y exclamando *O Lord My God*; la palabra sagrada es *Mohabn,* y la contraseña es T. En esta época, el mandil del Maestro era blanco doblado y bordeado de azul (no de rojo), y exhibiendo un Sol. Se completaba con un cordón azul tornasolado del que pendía la joya (escuadra, compás y regla).

La cifra y el signo

Los signos son uno de los medios poderosos que tienen los francmasones para reconocerse entre sí, y para acreditar el grado que se posee según el Rito. Su número es sinnúmero, por lo que no podremos contemplar sino algunos principales, que, además, sean comunes a distintos grados. Según el *Diccionario Enciclopédico de la Masonería,*[146] que nos ofrece la nomenclatura, el signo puede ser:

Característico	de Adoración	de Identificación	de Paz
Demostrativo,	de Afición	de Horror	de Reflexión
Exterior,	de Amistad	de Igualdad	de Saludo
Extremo,	de Angustia	de Inteligencia,	de Silencio
General,	de Aprobación	de Intrepidez	de Socorro
Jeroglífico,	de Apuro	de Interrogación	del Aire
Gutural,	del Buen Pastor	de Introducción	de Carácter
Manual,	de Contestación	de Invocación	de Sorpresa
Masónico,	de Desaprobación	de Maestría	del Collar
Pectoral,	de Desesperación	de Obligación	del Capitel
Propio,	de Dolor	de Orden	del Fuego
Secreto,	de Entrada	de Pasaje	del Juramento
Vocal,	de Equidad	de Paso	del Pedestal
de Éxtasis	de Aclamación	de Pasmo	de la Banda
de Heredom	de Admiración	del Sol	de la Ley
de la Tierra,	de la Torre, etc.	de Reconocimiento	

146. Vol. III, p. 1832.

Dejando de lado la complejidad e hipertrofia derivadas de una larga historia, entrando en materia y tomándolos como el verdadero prontuario que son, no hay duda de que todo ello conforma un lenguaje sigiloso, cuyo carácter más o menos lúdico y muchas veces inane, queda a la opinión de cada uno. La de la enciclopedia masónica ya citada, tan obvia y enternecedora, es clara: «los signos, junto con los toques, forman ese lenguaje mudo, pero elocuente, que tanta admiración causa a los profanos y que con tanto motivo preocupa a los enemigos de la francmasonería, y muy especialmente al clero ultramontano, con los jesuitas a su cabeza» (la obsesión general del s. XVIII por los jesuitas merecería un esclarecedor e interesante estudio...).

En una entrevista al periódico *L'Express*, Alain Bauer, del GOF,[147] decía que hoy en día apenas se utilizan los signos de reconocimiento. A falta de teléfono y otros medios, fueron útiles en el s. XVIII. Al fin y al cabo se precisaba que los hermanos pudieran probar su condición cuando viajaban, y de ahí los signos –sobre todo con las manos– y determinadas contraseñas. Además, hoy ya existe un documento masónico de identidad. Por supuesto, en el acerbo simbólico de la Orden perduran como libros en biblioteca, y aún se mantienen en la práctica algunos de ellos, signos y contraseñas, cuyo tenor cambia regularmente para que no los usen los hermanos excluidos. Aunque esto mismo apenas tiene un valor simbólico, para apuntalar –pensamos– el del propio *ḫérem* (o excomunión), pues un excluido es perfectamente

147. Fue recién Gran Maestre del Gran Oriente de Francia (GOF).

conocido por todos, al menos en la logia que lo excluye, donde no pasan de 30 o 40 miembros como mucho.

Mudras

Poniendo ejemplos, cabe destacar el «gran signo» que se hace poniendo la mano abierta a la altura de la frente formando visera (que es «estar a las órdenes»), y retirarla haciendo ademán de cortarse el cráneo, pues antes morir... En el grado 24.º del REAA, se llevan ambas manos abiertas sobre la cabeza, uniendo las extremidades de pulgares e índices, formándose así masónicos triángulos con los brazos y las manos. El número tres es casi siempre insoslayable. Los tres golpes sobre el pecho por los que el profano es creado masón (en el RER), simbolizan la unión de cuerpo, alma y espíritu.

Es común y universal, y también masónica, la costumbre de llevar la mano sobre el pecho para atestiguar la verdad. No siempre fue así. Los hebreos la ponían sobre la cadera o bajo el muslo: «puso el siervo su mano bajo el muslo de Abraham, su señor, y le prestó juramento según convenido», «coloca tu mano bajo mi muslo y jura por el rey del cielo», etc.[148] Los judíos, sus descendientes (a los que no se los tiene por nacidos del muslo de Júpiter, como Baco... hablando de muslos), han conocido hasta anteayer el oprobio del juramento *more judaico*, reputándolos perjuros salvo prueba contraria. Otros pueblos se cogen la barba. Hay muchas formas,

148. Gén 24, 2 y 9.

y para nadie la exclusiva. El rey Don Alonso le tomó al Cid en Santa Gadea juramento expurgatorio «sobre un cerrojo de hierro y una ballesta de palo –y con unos evangelios y un crucifijo en la mano».[149] Sin llegar a tanto, la ceremonia más común es posando la mano derecha sobre el Libro, sea la Biblia o el Corán.

El juramento masónico (un sinónimo es el de *obligación*) se presta sobre la escuadra y el compás, pues el todo de la iniciación consiste en pasar de aquél a éste. En el caso del Aprendiz, la escuadra, símbolo de la materia, viene sobre el compás, símbolo del espíritu. Vemos claramente qué es lo que domina. En el grado de Compañero están entrelazados. Sólo adquiriendo el grado de Maestro, es cuando el compás vendrá sobre la escuadra, denotando todo ello el aspecto más o menos opaco preponderante en cada grado, y las influencias dominantes, celestes o terrestres.

En la iniciación al 1.º grado de la Masonería inglesa, el juramento se presta sobre las tres grandes luminarias. Jean Pierre Bayard[150] nos dice el por qué: sobre la Biblia, para dirigir y gobernar nuestra fe; sobre la escuadra, para regular nuestras acciones; sobre el compás, para trazar los límites que no debemos transgredir en relación con nadie.

En todo ello vemos el protagonismo de la mano, y la mano, según aforismo de impenitentes evolucionistas estudiosos de anatomía comparada, modela y construye el cere-

---

149. cfr. Romance Anónimo sobre el Juramento de Santa Gadea.
150. Extracto de un ritual que cita en su obra *Le Symbolisme Maçonnique Traditionnel.*

bro. Ella fue la que se tendió para atrapar la edénica manzana que, sopesada y evaluada, se mordió. La gestualidad de la mano parece lo importante…

En Oriente las manos, sapientes y ligeras, maestras, ejecutan gestos simbólicos llamados *mudras* (sánscrito, «gesto»). El puño cerrado, que para los comunistas simboliza la unión de todos como una piña o puño (y aún la amenaza de tenerlos a todos bien metidos dentro…), según el canon budista es lo que uno se reserva, el secreto, el esoterismo; y la mano abierta, lo contrario. La del Sakyamuni no está nunca cerrada, porque nada guarda para sí. En Occidente se la extiende todavía abierta, vacía, a quien se saluda, signo de que no se anda armado contra él, y como si se abandonara en las suyas la propia seguridad. Frente a toda esta transparencia vemos aparecer –signo de los tiempos– otras formas más siniestras que nos llegan importadas de los EE. UU. Allí, signos de pase y de reconocimiento de los esbirros de las tribus urbanas, se saludan, entre otras formas ominosas, con el puño cerrado del uno golpeando tres veces arriba y abajo el del otro. Lo veíamos en las películas y ya lo vemos en las calles. El compadreo se troca en bravata sin que se enteren, pues el símbolo de la amenaza es el puño cerrado, con o sin el índice apuntando al otro.

Es muy conocido el mudra por el que el Buda, sentado en posición de loto, atestigua: mientras la izquierda sigue reposando en el regazo, extiende oblicua al cuerpo su mano derecha, tocando la tierra con los dedos juntos… Signo de firmeza, y, sobre todo, con el valor de un verdadero juramento, poniendo a la tierra por testigo de su budeidad. O vemos su gesto de meditación, las manos abiertas con las palmas hacia lo alto, reposando la una sobre la otra en el regazo del meditante.

Los mudras orientales son numerosísimos, como también observamos en sus danzas y teatros. La liturgia budista es una verdadera zarabanda de acción y mímica gestual de dedos y manos, a cargo de quien la celebra.

Tras haber dado los pasos de entrada en la logia (*ut infra*), y para saludar al Venerable, el Aprendiz coloca la mano derecha extendida con el filo contra la garganta, en postura de corte. Este signo es llamado gutural. Recuerda el mutismo al que el aprendiz se debe, y, dentro del usual tremendismo masónico, su compromiso de guardar los secretos. Antes degollado... Puesto en la misma situación de entrar en la logia, el Compañero coloca la mano derecha sobre el corazón, con el pulgar en escuadra, o bien, en el rito escocés, la mano sobre el corazón se presentará abombada, como para arrancarlo, pues mejor hacerlo que perpetrar indiscreción. Mientras, levanta el antebrazo izquierdo con la palma de la mano hacia delante. Saluda.

El Maestro, el objetivo a partir del cual Dios con todos, tiene mayor capacidad comunicativa. Con el *signo ordinario*, coloca la mano derecha, pulgar en escuadra, contra el flanco derecho a la altura del ombligo. El simbolismo es múltiple y se entrecruza. Convierte el cuerpo en jeroglífico. Con la línea de hombros forma un triángulo equilátero.

Realiza el *signo de horror* elevando ambas manos con los dedos separados, en una postura verdaderamente expresiva. Lo hace rápidamente, nada más marcar los pasos correspondientes, con los que salva a saltos el simbólico féretro de Hiram Abif.

El tercero es el *signo de ayuda*: consiste en elevar sobre la cabeza las dos manos enlazadas, con las palmas hacia fuera, mientras exclama *¡a mí, los hijos de la Viuda*! Esa figura, evidentemente, forma un triángulo mucho más expresivo.

Hemos sacado a la luz cuatro signos como botón de muestra. Son cientos, inasumibles al detalle. El espíritu cuenta...

Siendo la del *Shadday* (el Omnipotente) una de las más importantes contraseñas o palabras de paso de la Masonería, diremos algo sobre los signos que lo perfeccionan.

Éste del *Shadday* es un término de bendición propio del judaísmo. Un término invocativo, más que una escritura de los dedos en tanto la mano rasga el aire, pues la bendición sacerdotal de los Kohanim es con la cabeza cubierta, ambas manos extendidas, sobre los fieles que se cubren los ojos para no ver a la Vecindad cara a cara. Al contrario, la bendición que las manos del *Shadday* trazan es eminentemente cristiana, abundantemente ilustrada en su iconografía, y practicada por el clero y los obispos en el acto de bendecir. Se efectúa de dos formas, y en ambas, la posición de los dedos de la mano derecha va a repetir la grafía hebrea del nombre. Se eleva la derecha abierta y semidesplegada, abandonada, y de derecha a izquierda (como en hebreo corresponde), los dedos pulgar, índice y medio formarán en el aire, como sin quererlo, la letra *shin* (ש); el anular, encorvado naturalmente, forma la *dálet* (ד), y, vuelto el meñique hacia la palma, la letra *yod* (י). Consciente o inconsciente de su presencia, es con la figura del *Shadday* como se traza sobre los bendicientes el signo de la cruz.

Ya con más claro designio lo vemos también en otro modo de bendición. En esta ocasión y con la mano alzada, los dedos elevados índice, medio y meñique, son los que forman la shin; y el anular, que forma la dálet, toca con su punta al pulgar, la yod. Esta segunda manera manifiesta, además, el simbolismo cristiano de la «trinidad» de Personas (los tres dedos alzados), y la «doble» naturaleza humano/divina de J.C. (los dos que se tocan). Simbolismo de la mano, antes inevitable y canónico luego de consagrar. El sacerdote mantenía juntos, hasta el lavado de la *post-communio*, los dedos índice y pulgar con los que había asido el cuerpo sacramentado de N.S.J.

El Propio rito latino para la celebración de la Misa según el ritual de Pío V, en pleno vigor hasta el Vaticano II, estaba constelado de una gestualidad plenamente simbólica,[151] qui-

---

151. La practica (mejor, practicaba) el sacerdote de espaldas al pueblo, con una secuencia que resumimos: al pie del altar, se inclina y hace el signo de la cruz desde la frente hasta el pecho, junta las manos, nuevo signo de la cruz (*Introito*); asciende al altar mediante tres gradas, se da tres golpes en el pecho (*Confiteor*); bendice con el signo de la cruz, extiende las manos en postura orante, inclinación profunda, incensa el altar con un rito complejo (Misa solemne), extiende y junta las manos, finalizando luego con el signo de la cruz (*Gloria*); besa de nuevo el altar y se inclina profundamente sobre él (*Munda cor meum*); signa el libro de los Evangelios y lo incensa (Misa solemne) y, tras ello, se signa, besa el libro de los Evangelios, extiende, eleva y junta las manos (*Credo*), se arrodilla (en el *Incarnatus*) y se signa luego; besa de nuevo el altar y se vuelve al pueblo, se signa con la patena que portaba la oblea a consagrar, depone la hostia sobre el corporal, bendice el cáliz (*Ofertorio*); extiende las manos, las junta y se inclina profundamente (*In spíritu humilitatis*) y eleva los ojos (*Veni santificator*); se lava las manos (*Lavabo*); besa de nuevo el altar, se inclina, junta las manos (*Súscipe*), y se vuelve al pueblo (*Orate fratres*); extiende las manos en postura del orante (*Praefatio*); eleva los ojos y extiende las manos, que luego junta (*Te ígitur*); besa el altar, y signa tres veces sobre las ofrendas; junta y extiende las manos, signa sobre ambas ofrendas, sobre la oblea, y luego sobre el cáliz; toma la hostia en las manos, eleva los ojos al cielo, inclina la cabeza, signa sobre la hostia y, con ésta entre el índice y el pulgar (que a partir de aquí no separará hasta la ablución de los dedos luego de la Comunión), pronuncia la consagración del pan, se arrodilla, eleva el cuerpo de J.C., se arro-

zás ya definitivamente perdida. El ritual de los ortodoxos parece inalterable, y es todavía más rico.

En este mismo capítulo señalaremos la *sphragis* (del griego *Sphragiôn,* sello, marca) que se practicaba en la frente. Es la unción con el Santo Crisma en el bautismo, haciendo la señal de la cruz, que, simbólicamente, tiene análogo valor a la unción por imposición de manos. Desde la frente hasta el pecho, la trazamos sobre el cuerpo al persignarnos En logia, aunque invertida, el Compañero la traza formando sobre su cuerpo el famoso *cuatro de cifra,* marca predilecta de los maestros impresores...

---

dilla y adora; coge el cáliz con ambas manos, teniéndolo con la izquierda, lo signa con la derecha, pronuncia las palabras de la consagración del cáliz, se arrodilla, alza la sangre de J.C., coloca el cáliz sobre los corporales, se arrodilla de nuevo y adora (fin del *Canon*); separa las manos, las junta y signa sobre las formas consagradas, y sobre cada una por separado (*Unde et memores*); extiende las manos, las junta y se inclina profundamente; besa el altar (*Súpplices te rogamus*); se golpea el pecho (*Nobis quoque*); se arrodilla, toma la hostia con la derecha y signa tres veces sobre el cáliz que ha tomado con la izquierda, y eleva el cáliz y la hostia (*Per ipsum*) y, volviéndolos sobre el altar, se arrodilla; junta y extiende las manos (*Pater noster*); se signa con la patena, y la besa (*Libera nos, quaesumus*); descubre el cáliz y se arrodilla; toma una partícula de la hostia con la que signa el cáliz, dejándola luego caer (*Haec commixtio*); tras arrodillarse, se golpea tres veces en el pecho (*Agnus Dei*); besa el altar, comulga con el pan y con el vino, con un exacto ritual; tras comulgar, purifica el cáliz con vino y con agua, y sobre él, se lava y separa los dedos índice y pulgar que traía juntos; volviéndose, besa el altar y bendice al pueblo; desciende del altar y, vuelto hacia él, tras signarse en la frente, en la boca y en el pecho, inicia la lectura del Evangelio de san Juan.

En lugar de la cruz, la Iglesia primitiva usaba el símbolo catacumbal del pez, en griego *icthus*, acróstico de *Iesous Christos Theou Uios Soter* (Jesús el Cristo, hijo de Dios salvador). Fue adoptado como signo secreto y señal de reconocimiento a causa de la persecución, al mismo tiempo que transmitía la abreviatura del mensaje central del cristianismo.

Entrar en logia. Pasos

En el capítulo de los gestos debemos incluir los **pasos** (*steps*) o marcha para entrar en la logia. Varía según grado y rito. Es el *signo pedestre* que tiende a estar en consonancia con el simbolismo del grado.

Hasta 1800, en la introducción del Candidato sólo se le pedía «avanzar un paso», y en las *Institution of Free Masons* está la pregunta *How many Steps belong to a right Mason?,* siendo la respuesta: *Three.* Tres pasos que había que dar hacia el Maestro como un preliminar para la Obligación; pero todo ello sin mencionar cómo debían colocarse los pies. Sólo es más tarde y en las jurisdicciones europeas, donde cada grado contará con su propio paso.[152] Ahora bien, no se explicará (como ahora haremos) el simbolismo implícito

El Aprendiz adelanta el pie izquierdo, al que junta en escuadra el derecho. Un paso. Primer alto, y así dos más. Hay discusión sobre si no debiera ser el derecho quien abriera la

---

152. *Incidentally, in many European and overseas jurisdictions, each degree has its own particular step.* cfr. Harry Carr, op. cit.

marcha, y razones para todos. Es una marcha en línea recta, tres pasos y tres altos, por tanto una avance reflexivo, como de quien entra en un camino difícil; como de quien se inicia. En todo caso los pies se juntan en escuadra perfecta, estando todo ya medido. Se ha visto el arranque para el ataque con bayoneta, o el propio del arte de la esgrima. Vemos perfecta correspondencia, como un eco, con los tres golpes de mallete cuando se abre la logia del Aprendiz. Creemos que está aquí el secreto: en el silencio.

El Compañero da los tres pasos anteriores, a los que añade dos más: el primero de ellos hacia la izquierda, recuperando con el segundo la línea de la marcha. Se permite esa disgresión del lado de la creatividad, el lado izquierdo. Se tolera al Compañero esa exploración espontánea, antes de retornar al camino puramente recto y seguro.

El Maestro, a todo lo anterior, añade otros tres pasos en zig-zag que son más rápidos, o mejor, saltos por encima de un ataúd imaginario, y no juntando los pies sino al final. Ese ataúd que se cruza tres veces es el de Hiram, que ataca por la derecha, pasa a la izquierda y sale por el lado de los pies. El Maestro se permite ir de izquierda a derecha, pues es plenamente dueño de su arte. Desafía a la muerte. Queda impasible a las trampas mortales, incapaces de desviarle de su propósito constructor.

El simbolismo de todo ello es múltiple, siendo evidente el de la escuadra. ¿Cómo no ver en todo ello la repetición del universal y milenario juego infantil de la rayuela? Lo juegan las niñas en la calle o en los patios de recreo, sobre un esquema que repite la planta del Templo o la cruz egipcia. Es un «juego» (si cabe llamarlo así) verdaderamente «iniciático», de altos, de muerte y resurrección, en el que, partiendo de la tierra, se avanza a saltos y paradas, saltos a la pata coja y altos sobre ambos pies, hasta llegar al cielo. Desde allí, transmutada la mirada, se debe retornar a la tierra (de donde se partió) una y otra vez, recorriendo el camino inverso. Ejemplo de un juego infantil, femenino, con más enseñanzas que un tratado filosófico.[153]

El lector podrá consultar con provecho a Jules Boucher en lo referente a otros signos como toques, aclamaciones, abrazos, golpes (batería de júbilo, de dolor, de llamada), etc.

Palabras y silencios

Como en toda organización tradicional, la instrucción «oral» (de boca a oído) tiene una importancia que supera larga-

---

153. Distinguimos claramente en el trazado de una iglesia, la nave, el transepto y la cabecera. Consta de cuadrados numerados: en línea recta el 1 y el 2; cruzados el 3 y el 4; en línea recta el 5, y otra vez cruzados el 6 y el 7, éstos cubiertos por la semicircunferencia signada como "*cielo*". Se inicia el juego tirando desde fuera una piedra al primer piso (primer cuadrado) y, si la coloca, avanza a la pata coja por el 1 y el 2, planta los dos pies a la vez en el 3 y el 4, avanza a la pata coja por el 5, con los dos pies a la vez por el 6 y el 7, y llega al cielo a la pata coja, gira en redondo sobre ella y vuelve al inicio desandando lo andado en las mismas condiciones. Si lo consigue, volverá a tirar la piedra al segundo piso, y repetirá lo anterior, pero sin pasar esta vez por el piso donde está la piedra. Si un jugador no acierta a colocar la piedra en la casa que corresponde, cede turno. Lo mismo hace si, en los saltos, se equivoca o toca raya. Así se continúa hasta completar el ganador las ocho carreras correspondientes al número de espacios.

mente cualquier escrito, pues la palabra articulada, *in voce* (no hablamos de reproductores), es el vehículo del hálito, del pneuma, del espíritu del hombre. Más que lo leído, lo proferido es susceptible de calar en el alma del oyente, que, antiguamente, en épocas verdaderamente clásicas, era capaz de repetir de memoria los más largos parlamentos.

De viva voz –*Magister dixit*– ocurre en lo secreto o en lo discreto, y aun contradictoriamente en el silencio. Lo que abunda en el sentido de los *acusmatas* pitagóricos (Pitágoras: gran referente de la Masonería) que *velan* los sonidos, practican el silencio y respetan las enseñanzas (no rompas el pan, *id est*, la doctrina; no arrojes margaritas a los indignos, y así otros…). También estudian las matemáticas y la música, porque, efectivamente, privilegian el instrumento del oído. En pura conformidad, los masones se han referido en diversas ocasiones al beneficio que la instrucción oral reporta a cada una de las partes: al que habla y al que escucha. El escrito no puede sustituir a la palabra, *hálito* portador de vida. Estima R. I. Clegg que la Masonería es íntima para el masón cuando se enseña oralmente, de boca del Maestro que está bien informado, al oído diligente de quien es receptivo y perspicaz.

Además la palabra es, en sí misma, el gran símbolo que designa al hecho creador, que aparece por primera vez con el FIAT.

La **aclamación** sustituye al voto de escrutinio secreto. Es, además, una palabra o frase exclamada en voz alta por uno o todos los miembros de la logia, a veces asociada con la ejecución de signos. Sale del corazón; es el alma que se sale por la boca, aunque, reflexión hecha, es más cierto que estamos ante la programación *reglada* de un grito inicialmente espontáneo. Así se pone cauce a lo emotivo, se escuadra la expresión precipitada, se encauzan las fuerzas brutas para un resultado cúbico y perfecto.

Diferentes ritos tienen diferentes aclamaciones. El rito francés de 1.º grado exclama: *¡vivat! ¡vivat! ¡semper vivat!* Según grado y circunstancia, las voces de aclamación en el rito escocés serán *Huzzá* o bien *Adonai* o *Nekam.* etc. El significado de cada una es evidente. *Huzzá* es un nombre árabe de la acacia, símbolo de inmortalidad. Para Jules Boucher (citando a Albert Lantoine) ese *Huzza* sería un nombre inglés que, remplazando el *¡Vivat!,* significaría *¡Viva el rey!;* aunque realmente *Oza* provendría del hebreo «fuerza». O simplemente estamos ante una modificación de la exclamación *Hurrah*…

Ya sabemos todos que *Nekam* en hebreo significa «venganza». Se pronuncia al ejecutar el signo de Maestro Antiguo o Perfecto, del 4.º grado del Escocismo Reformado; y a su vez es palabra de pase para entrar en el Consejo de los Caballeros Kadosh, de los Príncipes del Real Secreto, etc. (pues en esto, como en todo, la Masonería está confusamente diversificada). Sería también una de las palabra con las que los jesuitas designaban uno de sus grados[154]…

---

154. Algunos atribuyen el origen y fundación de la Masonería a los jesuitas, cuyas espaldas no parecen conocer límite. También se les atribuye, de modo más documentado (acaso no por ello menos inexacto), la autoría de la mayor parte de los grados escoceses (la *Orden de los Jueces Filósofos Desconocidos,* régimen compuesto de dos grados, pertenecería igualmente al sistema jesuítico templario). Para subyugar la Masonería al catolicismo, habrían contado con la implícita o explícita colaboración del caballero Ramsay. De su mano, también, la fabricación de los grados llamados de puñal, y otras diversas imputaciones (cfr. el *Diccionario enciclopédico de la masonería,* I, p. 640, ss.). Algo tiene el agua cuando la bendicen.

La **incantación** o cantilena es una forma de silencio. Lo asociamos con las oscilaciones corporales de la tradición judía, movimientos hacia delante y hacia atrás aparentemente autistas que, atendiendo a lo dispuesto por Moisés, practican al recitar las oraciones. Ello introduce la operación del cuerpo en la palabra, golpes de cuerpo correspondiendo a los golpes de voz. Lo discontínuo. Lo tartajoso. Lo reflexivo que remite de nuevo a sí mismo. Incantación es ritmo que

---

Según fuentes masónicas, los jesuitas serían la sociedad secreta que se adivina tras cualquier acontecimiento en contra *del altar y del trono* (imputación exacta si se hablara de los propósitos de los Illuminati). Habrían querido infiltrar la Masonería en el primer tercio del s. XVII. Sí sabemos, en cambio, que los citados Iluminados de Baviera, *alumnos* mecidos en su cuna, lo lograron sin duda, en principio con unos propósitos y éxito sujetos a discusión. El estudio de los documentos de los Illuminati, es un buen catálogo de cuanta antijesuítica imputación circulaba por el aire. Jesuitas e Iluminados de Baviera (éstos, no lo olvidemos, flor de un día) surgen del mismo campo, y la Masonería, pronto independiente de todos ellos, en un campo contrario. Sería ambicioso y desmedido pensar que la Masonería jugó ningún papel en la expulsión de los jesuitas que se inicia en 1762 y se concreta con la Pragmática de Carlos III del 27.III.1767. Se pretende que algunos, tras la expulsión, ingresaron en logia, por ejemplo en la *Perfecta Inteligencia*, fundada en Lieja en 1770. Esta y otras logias se servirían también de los llamados *jesuitas de levita corta*, personajes y hombres de mundo que se asociaban sin votos, como colaboradores. Entre todos los cargos que han padecido, más que de flexibles, solapados, insinuantes, conspiradores o manipuladores, uno de las más *cómicos* nos parece el de haber sido los «epicúreos del cristianismo»... Su fin sería de dominación universal. El odio que suscitaron en el campo contrario (genéricamente protestante) –campos que siguen existiendo, aunque desgraciadamente cada vez más difuminados– da muchísimo que pensar. Desgraciadamente, porque no es posible una fusión sin confusión; sin que alguien fagocite a su contrario...

rompe la fluidez de la locución. Circuncida la palabra..., obligación místicamente no menos importante que la circuncisión del cuerpo.

En el grado de Aprendiz, las contraseñas o palabras de paso no se pronuncian: no hay fluidez, ni siquiera cantilena; ni tampoco se silabean, sino que se deletrean. Ya hemos repetido anteriormente el apriorismo masónico: los Aprendices «no saben ni leer ni escribir; sólo pueden deletrear». Íntimamente ligado a estas sacudidas corporales y verbales, y puesto que los símbolos se relacionan naturalmente o no lo son, vemos el tema de las baterías (golpes de escuadra, de mallete, de palmas, etc.), a la que algo nos hemos referido con aquellos tres golpes de apertura de la logia del Aprendiz.

Palabras de paso

Nada tan militar como el santo y seña. El de la batalla de Ayacucho fue «pan, queso y rayadura», en alusión a una tradicional delicia limeña. Se han usado otros más festivos, como «cocidito madrileño», otros mucho menos, como «patria o muerte», y algunos perfectamente cínicos, como el trust bancario que lo tuvo de «igualdad, libertad... rentabilidad». Donde vemos que el santo y seña tiene la vocación secreta de convertirse en eslógan o en divisa, pues, puestos o crear un señal de reconocimiento (y no tratándose de la tarjeta Visa o similar), tanto da que esté o no repleta de sentido. En el sentido se reconoce el que lo da, y el que lo recibe.

En las distintas obediencias son abundantísimas. Librándonos de estudiarlas todas, vamos a ver una o dos de singular importancia.

Shibolet (hebreo espiga, corriente, río) es una de las contraseñas más conocidas en Masonería. Se practica sobre todo en el ritual del grado de Compañero, y siendo éstos numerosos como las *espigas de trigo*, parafrasea el simbolismo del reino vegetal, a cuyo estudio se dedican. Es santo y seña del grado de Aprendiz del Escocismo Reformado en diez grados. Se utiliza igualmente en otras obediencias y grados, como en el 14.° del Rito Escocés Antiguo y Aceptado, que la pronuncia silabeando: *chi-bo-let*.

Hay diversas ocurrencias bíblicas tanto en singular (*shibolet*) como en plural (*shibolim*), o en forma constructa (*shibolei-*). La principal ocurrencia es la de Jueces XII, 6. Tras derrotar los de Gilead a las gentes de Efraim, ocuparon las riberas de Jordán para cortarles la retirada.

Se les interrogaba, traicionándose si venían a pronunciar *Shibolet* en su forma *Sibolet* (para lo que igualmente hubiera valido cualquier otra palabra que se iniciara con la letra *Shin*), siendo el caso curioso que, diferentes a los galaaditas, los efraimitas no podían pronunciar bien esta consonante.

Shibolet es la contraseña y pase para el grado de Compañero. Lo extraordinario es que esta palabra de pase es la definición misma de «palabra de pase», de modo que en nuestro caso el significado de *shibolet* es shibolet. Se trata en general de una manera de pronunciar (o del uso de una expresión particular) que identifica a alguien como miembro de un grupo, de modo que el propósito de *shibolet* es incluyente tanto como excluyente.

También es una palabra que encontramos en el diccionario inglés, con el mismo significado de señal de reconocimiento.[155]

En la iniciación al grado de Aprendiz, estando por definición ante candidatos que no tienen letras, que no saben ni leer ni escribir, hay que deletrear el santo y seña; pero en la iniciación al 2.° de grado, el de Compañero, hay que saberla pronunciar como un verdadero galaadita. En ambos casos no importa el significado de la palabra, sino el acceso que se tiene a la palabra. Ambos introducen una reflexión sobre el lenguaje, lo que podrá practicar con provecho el hermano masón que se incline sobre esta contraseña famosa.

El Shaday (sobre la bendición correspondiente ver *ut supra*) es el nombre divino que encontramos en el grado 32.° del REAA (Sublime Príncipe del Real Secreto), sirviendo además como palabra de pase para este grado. Para Jean Tourniac, es uno de los nombres más importantes del esoterismo masónico.[156]

Traducido por *Dios Todopoderoso* –en primera instancia siendo «todopoderoso» un atributo de Dios–, es mucho más. Se equipara con el nombre mismo de quien, de modo substituí-

---

155. *Hebriew* shibboleth, *stream; from the use of this word in Judg 12:6 as a test to distinguish Gileadites from Ephraimites, who pronounced it* sibboleth. *1a: a word or saying used by adherents of a party, sect, or belief and usually regarded by others as empty of real meaning:* «the old *shibboleths* come rolling of their lips –*Joseph Epstein*» *(...). 2 a: a use of language regarded as distinctive of a particular group. 2 b: a custom or usage regarded as distinguishing one group from others, etc.*
156. cfr *Les tracés de la lumière. Symbolisme et connaissance*, Dervy Livres, París, 1976.

do, es llamado *El Nombre*; a su vez substitutivo de una palabra perdida, prohibida, impronunciable por laringe humana desde que concluyó el sacrificio permanente del Templo. Atestigua la existencia del «esse» que él sustituye como provisionalmente. También el símbolo, o la Masonería misma en cuanto símbolo, no son sino términos de substitución.

Signos y palabras

Los cristianos tenemos la Palabra, y el derecho de decir *'aba* a quien los judíos, nuestros mayores en la fe, numerosas veces al día designan como *el Nombre* (hebreo *ha-shem*). Haciéndolo así articulan lo que debe ser leído (el *qoré*) a la vista de lo que está escrito (el *ketiv*). Es el modo consagrado para obviar lo impronunciable del tetragrama, de modo que ven escrito *yahvé*, (יהוה), pero pronuncian *ha-shem*. Por una de esas convergencias bíblicas en absoluto azarosas, esta lección coincide con el nombre de *El Shaday*, que tiene por valor 1 + 30 + 300 + 4 + 10 = 345,[157] y *«ha-shem»* el de 5 + 300 + 40 = 345. Moisés, el legislador, tiene la misma cifra 40 + 300 + 5. Ahora bien, a diferencia de la escuadra de lados iguales, el triángulo rectángulo de lados proporcionales a los números 3, 4 y 5, fundamental en la geometría pitagórica (3^2 x $4^2 = 5^2$), es la que utiliza el Venerable, y de este oculto modo se refiere al Omnipotente. Sus cuadrados 9, 16 y 25 «cuadrados de las luces», perfeccionan la estructura masónica del Rito Escocés Rectificado, con los grados 9.º (Maestro), 16.º (Maestro Escocés) y 25.º (Escocés de San Andrés).

Más asombroso en esta línea de no coincidencias, es que la *temurá* o permutación de 345 en 543, nos da la definición de Dios. Lo vemos en Éxodo 3, 14: «Yo soy el que soy», אהיה אשר אהיה (*ejyié 'asher ejyié*) = 5+10+5+1 +200+300+2 5+10+5+1 = 543.

Nuestras biblias lo traducen por el Todopoderoso. Por su parte, el filósofo y pneumatólogo ruso Nicolás Berdiaev (1874–1948), estimaba que Dios tiene menos poder que un gendarme. Esto del poder –decía– es una categoría propiamente humana, que en nada concierne a la divinidad.

Los rabinos ven en *shadday* la lección lineal e inmediata que lee «el que bastante» (*she-day*), esto es, el autosuficiente, el

---

157. Sin considerar el nombre divino «El», valor 31, *Shadday* suma 314 (300 + 4 + 10). No se nos escapa la presencia del número Pí, ni las 3 por 14 generaciones de Jesucristo en San Mateo. En relación con estos y otros aspectos, cfr. J. Tourniac, op. cit.

que se basta a sí mismo. Entre un total de 48 ocurrencias, se manifiesta por primera vez a Abraham en Gén 17, 1: «Tenía Abram 90 años cuando se le apareció יהוה: yo soy El-shadday. Camina en mi presencia y sé perfecto». Los de la Septuaginta lo traducen con el griego *ikanós*, que, en el mismo sentido, significa «bastante», «suficiente». No es menos cierto que la palabra hebrea *shad* que contiene el término, significa seno, pecho, con 24 ocurrencias bíblicas en este sentido. Ahora bien, el seno materno es todopoderoso para quien no está destetado... lo que espiritualmente nos ocurre a casi todos.

Es también un nombre temible y escatológico, pues «el que bastante» es el excedido por las criaturas como si ya no pudiera más, anunciándose así lo indefectible del Día y de la Hora.

Nombre abrahámico y masónico, ha sido visto el lazo de unión entre las distintas obediencias y el Padre de los creyentes.

La ya citada y prestigiosa *The Jewish Enciclopedia*, ofrece la nómina de los términos técnicos (muchos de ellos puras contraseñas) que usa la Masonería en relación con expresiones o conceptos judíos:

Abbadon
Abda (I Re 4, 6)
Abif
Adonai
Adon Hiram (Adoniram)
Ahiah (I Re 4, 3)
  «Ahimam Rezon» SOF SOF (título dado al libro de las *Constituciones de la Gran Logia de la Antigua York*, supuestamente hebreo por *The Law of the Brathern Elected*
Aholiab
Bagulkal
  (palabra significativa en los grados altos, supuestamente hebrea)
Bel
  (erróneamente usado para designar al Tetragrámaton)
Bendekar (1 Re 4, 9)
Bereith
Breastplate
Cedars of Lebanon
Cherubim
Chesed (*hesed*)
Cohen (*Kohen*)
Dedication of the Temple
Emeth
Enoch
Ephod

Ephraimite
Ezel (I Sam 20, 19)
Gabaon
Gedaliah
Giblim (I Re 5, 18)
Haggai
High Priest
Hiram Abif
(arquitecto del Templo de Salomón)
Hiram, king of Tyre
Holy of Holies
(sancta sanctorum)
Horns for the Altar
I Am what I Am
Immanuel
Jachim and Boaz
Jacob's Ladder
Jah
Jehoshaphat
(place where the lodge is built)
Jehovah
Kabbala
Kadosh
Kamea ("amulet")
Lebanon
Levites
Maacha (I Re 2, 39)
Manna, pot of
Melchizedek
Melech
Miter
Mizraim, Rite of
Noamah
Peleg
(supuesto arquitecto de la torre de Babel. Grado 20.° del Rito Escocés.)
Pentalpha (see Salomon's seal)
Rabbanaim
Rabboni
Sabbaoth
Sanhedrin
Seal of Salomon
Sephiroth
Shaddai
Shamir
Shekel
Shekinah
Shem Hamephoresh
(el "semánforas")
Shiboleth
Shield of David
Signet of Zerubbabel
Tabernacle
Temple
Tetragrammaton
Tomb of Adoniram
Tubal Cain
Twelve-Lettered Name
Two-Lettered name
Zabud (I Re IV,5)
Zadok
Zedekiah
Zeredatha
Zerubbabel

Conclusión

No debemos contemplar la Masonería con ingenuidad. Ni –en el substrato de la tosquedad generalizada de nuestro tiempo– con prejuicios favorables hacia una hipotética alternativa subrepticia, prestigiosa, para el desierto de los tártaros que atravesamos en lo concerniente a la religión; ni sin escudriñar debidamente los hechos históricos tal como fueron, interpretando donde la encontremos la hojarasca legendaria con la que tan profusamente se reviste; ni tampoco, *a contrario* y para digerir tan compleja materia, sin intentar mirar con la mirada propia del masón, de modo a que nada se nos escape. Que no se escape sobre todo que si hay una verdadera *vía substituida*, es la relativa a una realidad superior,[158] y hay que mirar hacia ésta. Ni menos se nos escape saber si la acción política sustituye en logia a la tradición esotérica, que fue en su día la de la fe cristiana, normativa desde el s. IV hasta la manifestación de la laicidad y la Masonería moderna. Por último, no

158. En efecto, la referencia «substituida» versa sobre el catecismo, el rito y el símbolo masónico, relativamente a un original de lo mismo oculto hasta un indeterminado fin de ciclo…

debemos conceder a la Masonería un protagonismo decisivo sobre la muda de los tiempos y la entrada de las «luces», pues, arrimando cada uno el ascua a su sardina, es precisamente lo que defienden la mayoría de sus amigos y enemigos. La contribución de los «hijos de la Viuda» no pasa seguramente de ser un apéndice no despreciable al encadenamiento de la modernidad.

La que se define como una sola se presenta plural, diversificada en distintas obediencias y ritos que, pública y sin duda privadamente, persiguen el perfeccionamiento del ser humano. Hay una clara unidad de las *formas* masónicas (los modos y realidades a los que apunta), de modo que, al margen de su universalidad intrínseca, podemos hablar de un simbolismo masónico, así como de ritos iniciáticos propios, signos de reconocimiento, palabras de paso, sintagmas y fórmulas, aclamaciones rituales, etc.

Le atribuyen o niegan capacidad para el tráfico de la grávida y gratuita influencia espiritual, propia de los grandes misterios. En cualquier caso parece muy defendible sostener que estamos ante una sociedad iniciática (pues así lo pretende), pero sólo en su sentido antropológico. Debemos convenir que se trata de la única superviviente en Occidente, teniendo que ir del lado de los primitivos contemporáneos para encontrar –de otro modo– un paralelo, y aún el modelo esquemático de su constitución.

Entre todas, es la única asociación artesanal que supo no desaparecer. Llegado el momento y constituyéndose heredera, se transformó radicalmente. Cambió el sudor de la frente por los alcoholes del intelecto, mientras la *pietas* medieval se vio acorralada por las *luces* del humanismo…

Alejándola de sus raíces, esa transformación la aminora. Ya nadie de la Sociedad trabaja la *free stone* o piedra de talla. Por otro lado, habiéndose transmutado, renació de sus cenizas. Sin duda el decurso de los tiempos le ponen sordina, y acaso, camino de una nueva transformación, siga un destino común de decadencia. Hasta que lo mejor de su sociedad –que es lo mejor de sus mejores– les permita priorizar convenientemente sobre cualquier mínimo común denominador. Y pasando de los pequeños a los grandes misterios sepan ver, como colectivo, tras el Gran Arquitecto del Universo, al Dios de más allá de todos sus atributos.

Cierto, dejó la maza y el cincel a pie de obra, pero guarda el simbolismo exquisito de la construcción. Este simbolismo nos enriquece. Mientras, trabajando de común acuerdo, los hemanos siguen «pensando» la piedra. La construcción reglada del edificio continúa siendo lo importante, aunque ahora se trata del hombre y de sí mismo, base de construcción de cualquier ontología.

Anexo I

Ceremonias de Apertura y Cierre de la tenida

Presentamos un ejemplo usual de las ceremonias de apertura y cierre (el de la logia de Aprendiz como se practica en el REAA), en el bien entendido que hay diferencias no substanciales según Obediencia y ocasión. Modelo de las de apertura, sería el siguiente ritual:

El Venerable se dirige al Vigilante primero:

VEN. ¿Cuál es el primer Deber de un Vigilante en logia?
1° V Asegurarse de que los trabajos están a cubierto.
VEN. (*dirigiéndose al 2ª Vigilante*). Hermano 2° Vigilante, asegúrese de que los trabajos están a cubierto.

El primer Vigilante envía al segundo a hacer la ronda de puertas. Cuando vuelve, dice:

–He visitado la logia, y estamos a cubierto.
El primer Vigilante se lo repite al Venerable, que pregunta:
–¿Cuál es el 2° deber de un Vigilante en logia?
–Asegurarse de que todos los hermanos presentes son miembros de la logia y están decorados con sus insignias.
Y dirigiéndose a todos los presentes:
–¡De pies, y a las órdenes, hermanos!

Todos se levantan y se ponen a la orden de Aprendiz, i.e., la mano derecha sobre el pecho formando escuadra. Los Vigilantes comprueban que todos los hermanos de una y otra columna son miembros y vienen decorados. Tras ello dice el venerable:

–¿Dónde se coloca el Venerable en la logia?
–Al Oriente
–¿Por qué al Oriente?
–A ejemplo del Sol que inicia su carrera en Oriente, igualmente es donde se coloca el Venerable para abrir la logia, iluminar, y poner a los Obreros a la obra.
–¿Qué hora es?
–Es mediodía, Venerable
[porque siempre es mediodía cuando se abre la logia, y medianoche cuando se cierra]
–Puesto que es mediodía y la hora de abrir nuestros trabajos, ayudadme, hermanos Vigilantes, a abrir los trabajos de Aprendiz en esta respetable logia, por medio de los signos y misterios acostumbrados.

Tras ello el Venerable da tres golpes con su maza, respondiendo el primer y el segundo Vigilantes con lo mismo. El Venerable dice al primer Vigilante:

–Hermano, prevenid a los hermanos que la logia de Aprendiz está abierta.

El primer Vigilante se lo dice al segundo, y éste lo transmite a todos los hermanos. Todo ello, estando todos de pies. Tras lo cual se sienta el Venerable, y dice a los hermanos:

–Sentaos, hermanos.

Lo que hacen. La logia de Aprendiz está abierta. Cede la palabra al Secretario para que dé lectura al «plano trazado durante los últimos trabajos». La ceremonia de cierre, concluidos los discursos, etc., sería del siguiente modo:

El Venerable dice:

–¿Hay alguien que tenga algo que proponer para el bien de la logia?

Si nadie pide la palabra, añade:

–Hermanos, pues ya hemos acabado la obra, ayudadme a cerrar la logia.

Todo el mundo se levanta ordenadamente. El Venerable plantea a los Vigilantes las siguientes preguntas:

–Hermano mayor, ¿qué hora es?

–Es medianoche, Venerable.

[porque siempre es mediodía cuando se abre la logia, y medianoche cuando se cierra]

–Por lo tanto es hora de cerrar la logia. ¿Dónde están colocados los Vigilantes en la logia?

–A Occidente.

–¿Por qué a Occidente, joven hermano?

–A ejemplo del Sol que termina su carrera en Occidente, también es donde se colocan los Vigilantes para cerrar la logia, pagar a los obreros y despedirlos.

El Venerable dice:

–Haced vuestro deber, hermano.

Entonces el hermano joven golpea tres golpes con su martillo como se debe, y el primer Vigilante hace otro tanto. Después dice el Venerable:

–Queridos hermanos, os declaro esta logia cerrada, y a cada uno libre.

Anexo II

Le discours Ramsay, 1738

Première Partie

DES QUALITÉS REQUISES POUR DEVENIR FRANC-MAÇON ET DES BUTS QUE SE PROPOSE L'ORDRE

La noble ardeur que vous montrez, Messieurs, pour entrer dans le très ancien et très illustre ordre des Francs-maçons, est une preuve certaine que vous possédez déjà toutes les qualités requises pour en devenir les membres. Ces qualités sont la Philanthropie sage, la morale pure, le secret inviolable et le goût des beaux-arts.

LA PHILANTHROPIE, OU AMOUR DE L'HUMANITÉ EN GÉNÉRAL

Lycurgue, Solon, Numa, et tous les autres Législateurs politiques n'ont pu rendre leurs établissements durables; quelques sages qu'aient été leurs lois, elles n'ont pu s'étendre dans tous les pays ni convenir au goût, au génie, aux intérêts de toutes les Nations. La Philanthropie n'était pas leur base. L'amour de la patrie mal entendu et poussé à l'excès, détruisit souvent dans ces Républiques guerrières l'amour de l'humanité en général. Les hommes ne sont pas distingués essentiellement par la différence des langues qu'ils parlent, des habits qu'ils portent, des pays qu'ils occupent, ni des dignités dont ils sont revêtus.

LE MONDE ENTIER N'EST QU'UNE GRANDE REPUBLIQUE, DONT CHAQUE NATION EST UNE FAMILLE, ET CHAQUE PARTICULIER UN ENFANT.

C'est pour faire revivre et répandre ces anciennes maximes prises dans la nature de l'homme, que notre Société fut établie. Nous voulons réunir des hommes d'un esprit éclairé et d'une humeur agréable, non seulement par l'amour des beaux-arts, mais encore plus par les grands principes de vertu, où l'intérêt de la confraternité devient celui du genre humain entier, où toutes les Nations peuvent puiser des connaissances solides, et où tous les sujets des différents Royaumes peuvent conspirer sans jalousie, vivre sans discorde, et se chérir mutuellement sans renoncer à leur Patrie. Nos Ancêtres, les Croisés, rassemblés de toutes les parties de la Chrétienté dans la Terre Sainte, voulurent réunir ainsi dans une seule confraternité les sujets de toutes les Nations. Quelle obligation n'a-t-on pas à ces Hommes supérieurs qui, sans intérêt grossier, sans écouter l'envie naturelle de dominer, ont imaginé un établissement dont le but unique est la réunion des esprits et des cœurs, pour les rendre meilleurs, et former dans la suite des temps une nation spirituelle où, sans déroger aux devoirs que la différence des états exige, on créera un peuple nouveau qui, en tenant de plusieurs nations, les cimentera toutes en quelque sorte par les liens de la vertu et de la science.

LA SAINE MORALE

La saine Morale est la seconde disposition requise dans notre société. Les ordres Religieux furent établis pour rendre les hommes chrétiens parfaits; les ordres militaires, pour inspirer l'amour de la belle gloire; l'Ordre des Free-Maçons fut institué pour former des hommes et des hommes aimables, des bons citoyens et des bons sujets, inviolables dans leurs promesses, fidèles adorateurs du Dieu de l'Amitié, plus amateurs de la vertu que des récompenses.

Polliciti servare fidem, sanctumque vereri
Numen amicitiae, mores, non munera amarare.

Ce n'est pas que nous nous bornions aux vertus purement civiles. Nous avons parmi nous trois espèces de confrères, des Novices ou des Apprentis, des Compagnons ou des Profès, des Maîtres ou des Parfaits. Nous expliquons aux premiers les vertus morales et philanthropes, aux seconds, les vertus héroïques; aux derniers les vertus surhumaines et divines. De sorte que notre institut renferme toute la Philosophie des sentiments, et toute la théologie du cœur. C'est pourquoi un de nos vénérables Confrères dit dans une Ode pleine d'enthousiasme:

Free-Maçons, Illustre grand Maître,
Recevez mes premiers transports,
Dans mon cœur l'ordre les fait naître;
Heureux ! Si de nobles efforts
Me font mériter votre estime,
M'élèvent à ce vrai sublime
A la première vérité
A l'essence pure et divine
De l'âme céleste origine,
Source de vie et de clarté.

Comme une Philosophie sévère, sauvage, triste et misanthrope dégoûte les hommes de la vertu, nos Ancêtres, les Croisés, voulurent la rendre aimable par l'attrait des plaisirs innocents, d'une musique agréable, d'une joie pure, et d'une gaieté raisonnable.

Nos sentiments ne sont pas ce que le monde profane et l'ignorant vulgaire s'imagine. Tous les vices du cœur et de l'esprit en sont bannis, et l'irréligion et le libertinage, l'incrédulité et la débauche. C'est dans cet esprit qu'un de nos Poètes dit:

Nous suivons aujourd'hui des sentiers peu battus,
Nous cherchons à bâtir, et tous nos édifices
Sont ou des cachots pour les vices,
Ou des temples pour les vertus.

Nos repas ressemblent à ces vertueux soupers d'Horace, où l'on s'entretenait de tout ce qui pouvait éclairer l'esprit, perfectionner le cœur, et inspirer le goût du vrai, du bon et du beau:

O! noctes, coenaeque Deum.
Sermo oritur non de regnis domibusque alienis;
...sed quod magis ad nos
Pertinet, et nescire malum est, agitamus; utrumne
Divitis homines, an sint virtute beati;
Quidve ad amicitias usus rectumve trahat nos,
Et quae sit natura boni, summumque quid ejus.

Ici l'amour de tous les désirs se fortifie. Nous bannissons de nos Loges toute dispute, qui pourrait altérer la tranquillité de l'esprit, la douceur des mœurs, les sentiments de l'amitié, et cette harmonie parfaite qui ne se trouve que dans le retranchement de tous les excès indécents, et de toutes les passions discordantes.

Les obligations que l'ordre vous impose, sont de protéger vos Confrères par votre autorité, de les éclairer par vos lumières, de les édifier par vos vertus, de les secourir dans leurs besoins, de sacrifier tout ressentiment personnel, et de rechercher tout ce qui peut contribuer à la paix, à la concorde et à l'union de la Société.

LE SECRET

Nous avons des secrets; ce sont des signes figuratifs et des paroles sacrées, qui composent un langage tantôt muet et tantôt très éloquent, pour le communiquer à la plus grande distance, et pour reconnaître nos Confrères de quelque langue ou quelque pays qu'ils soient. C'était, selon les apparences, des mots de guerre que les croisés se donnaient les uns aux autres, pour se garantir des surprises des Sarrasins, qui se glissaient souvent déguisés parmi eux pour les trahir et les assassiner. Ces signes et ces paroles rappellent le souvenir ou de quelque partie de notre science ou de quelque vertu morale, ou de quelque mystère de la foi. Il est arrivé chez nous, ce qui n'est guère arrivé dans aucune autre société. Nos loges sont établies et se répandent aujourd'hui dans toutes les nations policées, et cependant dans une si nombreuse multitude d'hommes, jamais aucun Confrère n'a trahi nos secrets. Les esprits les plus légers, les plus indiscrets et les moins instruits à se taire, apprennent cette grande science dès qu'ils entrent dans notre société. Tant l'idée de l'Union fraternelle a d'empire sur les esprits. Ce secret inviolable contribue puissamment à lier les sujets de toutes les Nations, et à rendre la communication des bienfaits facile et mutuels entre eux. Nous en avons plusieurs exemples dans les annales de notre Ordre, nos Confrères qui voyageaient dans les différents pays de l'Europe, s'étant trouvés dans le besoin, se sont fait connaître à nos loges, et aussitôt ils ont été comblés de tous les secours nécessaires. Dans le temps même des guerres les plus sanglantes, des illustres prisonniers ont trouvé des frères où ils ne croyaient trouver que des ennemis. Si quelqu'un manquait aux promesses solennelles qui nous lient, vous savez, Messieurs, que les plus grandes peines sont les remords de sa conscience, la honte de sa perfidie, et l'exclusion de notre Société, selon ces belles paroles d'Horace:

> Est et fideli tuta silentio
> Merces; vetabo qui Cereris sacrum
> ulgarit arcanae, sub isdem
> Sit tragibus, fragilemque mecum
> Solvat phaselum…

Oui, Messieurs, les fameuses fêtes de Cérès à Eleusis dont parle Horace aussi bien que celles d'Isis en Egypte, de Minerve à Athènes, d'Uranie chez les Phéniciens, et de Diane en Scythie avoient quelque rapport à nos solennités. On y célébrait les mystères où se trouvaient plusieurs vestiges de l'ancienne religion de Noë et des patriarches; ensuite on finissoit par les repas et les libations, mais, sans les excès, les débauches et l'intempérance où les Païens tombèrent peu à peu. La source de toutes ces infamies fut l'admission des personnes de l'un et de l'autre sexe aux assemblées nocturnes contre la primitive institution. C'est pour prévenir de semblables abus que les femmes sont exclues de notre Ordre. Ce n'est pas que nous soyons assez injustes pour regarder le sexe comme incapable de secret, mais c'est, parce que sa présence pourrait altérer insensiblement la pureté de nos maximes et de nos mœurs:

> Si le sexe est banni, qu'il n'en ait point d'alarmes,
> Ce n'est point un outrage à sa fidélité;
> Mais on craint que l'amour entrant avec ses charmes,
> Ne produise l'oubli de la fraternité.
> Noms de frère et d'ami seraient de faibles armes
> Pour garantir les cœurs de la rivalité.

La quatrième qualité requise pour entrer dans notre Ordre est le goût des sciences utiles, et des arts libéraux de toutes les espèces; ainsi l'ordre exige de chacun de vous, de contribuer par sa protection, par sa libéralité, ou par son travail à un vaste Ouvrage auquel nulle Académie, et nulle Université ne peuvent suffire, parce que toutes les Sociétés particulières étant composées d'un très petit nombre d'hommes, leur travail ne peut embrasser un objet aussi immense.

Tous les Grands Maîtres en Allemagne, en Angleterre, en Italie et par toute l'Europe, exhortent tous les savants et tous les Artistes de la Confraternité, de s'unir pour fournir les matériaux d'un Dictionnaire universel de tous les Arts Libéraux et de toutes les sciences utiles, la Théologie et la Politique seules exceptées. On a déjà commencé l'ouvrage à Londres; mais par la réunion de nos confrères on pourra le porter à sa perfection en peu d'années. On y expliquera non seulement le mot technique et son étymologie, mais on donnera encore l'histoire de la science et de l'Art, ses grands principes et la manière d'y travailler. De cette façon on réunira les lumières de toutes les nations dans un seul ouvrage, qui sera comme un magasin général, et une Bibliothèque universelle de tout ce qu'il y a de beau, de grand, de lumineux, de solide et d'utile dans toutes les sciences naturelles et dans tous les arts nobles. Cet ouvrage augmentera chaque siècle, selon l'augmentation des lumières; c'est ainsi qu'on répandra une noble émulation avec le goût des Belles-Lettres et des beaux-arts dans toute l'Europe.

Seconde Partie

ORIGINE ET HISTOIRE DE L'ORDRE. LA LÉGENDE ET L'HISTOIRE SELON RAMSAY

Chaque famille, chaque République, et chaque Empire dont l'origine est perdue dans une antiquité obscure, a sa fable et a sa vérité, sa légende et son histoire, sa fiction et sa réalité.

Quelques-uns font remonter notre institution jusqu'au temps de Salomon, de Moïse, des Patriarches, de Noë même. Quelques autres prétendent que notre fondateur fut Enoch, le petit-fils du Protoplaste, qui bâtit la première ville et l'appela de son nom. Je passe rapidement sur cette origine fabuleuse, pour venir à notre véritable histoire. Voici donc ce que j'ai pu recueillir dans les très anciennes Annales de l'Histoire de la Grande-Bretagne, dans les actes du Parlement d'Angleterre, qui parlent souvent de nos privilèges, et dans la tradition vivante de la Nation britannique, qui a été le centre et le siège de notre Confraternité depuis l'onzième siècle.

INSTITUTION DE L'ORDRE PAR LES CROISÉS

Du temps des guerres saintes dans la Palestine, plusieurs Princes, Seigneurs et Citoyens entrèrent en Société, firent voeu de rétablir les temples des Chrétiens dans la Terre Sainte, et s'engagèrent par serment à employer leurs talents et leurs biens pour ramener l'Architecture à primitive institution. Ils convinrent de plusieurs signes anciens, de mots symboliques tirés du fond de la religion, pour se distinguer des Infidèles, et se reconnaître d'avec les Sarrasins. On ne communiquait ces signes et ces paroles qu'à ceux qui promettaient solennellement et souvent même au pieds des Autels de ne jamais les révéler. Cette promesse n'était donc plus un serment exécrable, comme on le débite, mais un lien respectable pour unir les hommes de toutes les Nations dans une même confraternité. Quelques temps après, notre Ordre s'unit intimement avec les Chevaliers de S. Jean de Jérusalem. Dès lors et depuis nos Loges portèrent le nom de Loges de S. Jean dans tous les pays. Cette union se fit en imitation des Israélites, lorsqu'ils rebâtirent le second Temple, pendant qu'ils maniaient d'une main la truelle et le mortier, ils portaient de l'autre l'Epée et le Bouclier.

Notre Ordre par conséquent, ne doit pas être regardé comme un renouvellement de bacchanales, et une source de folle dissipation de libertinage effréné, et d'intempérance scandaleuse, mais comme un ordre moral, institué par nos Ancêtres dans la Terre sainte pour rappeler le souvenir des vérités les plus sublimes, au milieu des innocents plaisirs de la Société.

PASSAGE DE L'ORDRE DE LA TERRE SAINTE EN EUROPE

Les Rois, les Princes et les Seigneurs, en revenant de la Palestine dans leurs pays, y établirent des Loges différentes. Du temps des dernières Croisades on voit déjà plusieurs Loges érigées en Allemagne, en Italie, en Espagne, en France et de là en Ecosse, à cause de l'intime alliance qu'il y eut alors entre ces deux Nations.

Jacques Lord Steward d'Ecosse fut Grand Maître d'une Loge établie à Kilwinnen dans l'ouest d'Ecosse en l'an 1286, peu de temps après la mort d'Alexandre III Roi d'Ecosse, et un an avant que Jean Baliol montât sur le Trône. Ce Seigneur Ecossais reçut Free-Maçons dans sa Loge les Comtes de Glocester et d'Ulster, Seigneurs anglais et Irlandais.

Peu à peu nos Loges, nos fêtes et nos solennités furent négligées dans la plupart des pays où elles avoient été établies. De-là vient le silence des Historiens de presque tous les Royaumes sur notre Ordre, hors ceux de la Grande-Bretagne. Elles se conservèrent néanmoins dans toute leur splendeur parmi les Ecossais, à qui nos Rois confièrent pendant plusieurs siècles la garde de leur sacrée personne.

DES CROISADES A LA RÉFORME. DÉGÉNÉRESCENCE DE L'ORDRE.

Après les déplorables traverses des Croisades, le dépérissement des Armées Chrétiennes et le triomphe de Bendocdar Soudan d'Egypte, pendant la huitième et dernière Croisade, le Fils d'Henry III Roi d'Angleterre, le grand prince Edouard voyant qu'il n'avait plus de sûreté pour ses confrères dans la Terre sainte, quand les troupes Chrétiennes s'en retiraient, les ramena tous, et cette Colonie de frères s'établit ainsi en Angleterre. Comme ce Prince était doué de toutes les qualités du cœur et de l'esprit qui forment les Héros, il aima les beaux Arts, se déclara protecteur de notre Ordre, lui accorda plusieurs privilèges et franchises, et dès lors les membres de cette Confraternité prirent le nom de Francs-Maçons. Depuis ce temps la Grande-Bretagne devint le siège de notre science, conservatrice de nos lois, et la dépositaire de nos secrets. Les fatales discordes de religion qui embrasèrent et déchirèrent l'Europe dans le seizième siècle, firent dégénérer notre ordre de la grandeur et de la noblesse de son origine. On changea, on déguisa, ou l'on retrancha plusieurs de nos rites et usages qui étaient contraires aux préjugés du temps.

CONCLUSIÓN:
RETOUR, RÉGÉNÉRATION ET AVENIR DE L'ORDRE EN FRANCE

C'est ainsi que plusieurs de nos confrères oublièrent l'esprit de nos lois, et n'en conservèrent que la lettre et l'écorce. Notre grand maître, dont les qualités respectables surpassent encore la naissance distinguée, veut que l'on rappelle tout à sa première institution, dans un Pays où la religion et l'Etat ne peuvent que favoriser nos Lois.

Des Isles britanniques, l'antique science commence à repasser en France sous le règne du plus aimable des Rois, dont l'humanité fait l'âme de toutes les vertus, sous le ministère d'un Mentor qui a réalisé tout ce qu'on avait imaginé de plus fabuleux.

Dans ces temps heureux où l'amour de la Paix est devenu la vertu des Héros, la nation la plus spirituelle de l'Europe deviendra le centre de l'Ordre; elle répandra sur nos Ouvrages, nos Statuts et nos mœurs, les grâces, la délicatesse et le bon goût, qualités essentielles dans un Ordre, dont la base est la sagesse, la force et la beauté du génie. C'est dans nos Loges à l'avenir, comme dans des Ecoles publiques, que les Français verront, sans voyager, les caractères de toutes les Nations, et c'est dans ces mêmes Loges que les Etrangers apprendront par expériences, que la France est la vraie Patrie de tous les Peuples. Patria gentis humanae.

Anexo III

In Eminenti

(Clemente XII. Bula Pontificia del 28 de abril de 1738)
Universis Christi fidelibus

In eminenti Apostolatus specula, meritis licet imparibus, divina disponente clementia, constituti iuxta creditum nobis pastoralis providentiae debitum iugi, quantum ex alto conceditur, solicitudinis studio iis intendimus, per quae erroribus, vitiisque aditu intercluso, Orthodoxae Religionis potissimum servetur integritas, atque ab universo Catholico Orbe difficillimis hisce temporibus perturbationum pericula propellantur.

§ 1. Sane vel ipso rumore publico nunciante, Nobis innotuit longe, lateque progredi, atque in dies invalescere nonnullas Societates, Coetus, Conventus, Collectiones, Aggregationes, seu Conventicula, vulgo de liberi Muratori seu Francs Massons, aut alia quavis nomenclatura pro idiomatum varietate nuncupata, in quibus cuiuscumque Religionis, et Sectae homines affectata quadam contenti honestatis naturalis specie, arcto aeque, ac impervio foedere secundum leges, et statuta sibi condita invicem consociantur; quaeque simul clam operantur, tum districto iureiurando ad Sacra Biblia interposito, tum gravium poenarum exaggeratione inviolabili silentio obtegere adstringuntur. Verum cum ea sit sceleris natura, ut se ipsum prodat, et clamorem edat sui indicem, hinc Societates, seu Conventicula praedicta vehementem adeo Fidelium mentibus suspicionem ingesserunt, ut iisdem aggregationibus nomen dare apud prudentes, et probos idem omnino sit, ac pravitatis, et perversionis notam incurrere; nisi enim male agerent, tanto nequaquam odio lucem haberent. Qui quidem rumor eo usque percrebuit, ut in plurimis Regionibus memoratae Societates per saeculi Potestates tanquam Regnorum securitati adversantes proscriptae, ac provide eliminatae iampridem extiterint.

§ 2. Nos itaque animo evolventes gravissima damna, quae ut plurimum ex huiusmodi Societatibus, seu Conventiculis nedum temporalis Reipublicae tranquillitati, verum etiam spirituali animarum saluti inferuntur, atque idcirco tum Civilibus, tum Canonicis minime cohaerere Sanctionibus, cum divino eloquio doceamur, die noctuque more servi fidelis, et prudentis Dominicae Familiae praepositi vigilandum esse, ne huiusmodi hominum genus veluti fures Domum perfodiant, atque instar Vulpium vineam demoliri nitantur, ne videlicet simplicium corda pervertant, atque innoxios sagittent in occultis, ad latissimam, quae iniquitatibus impune patrandis inde aperiri posset, viam obstruendam, aliisque de iustis, ac rationabilibus causis nobis notis, easdem Societates, Coetus, Conventus, Collectiones, Aggregationes seu Conventicula de liberi Muratori, seu Francs Massons, aut alio quocumque nomine appellata, de nonnullorum Venerabilium Fratrum Nostrorum Sanctae Romanae Ecclesiae Cardinalium Consilio, ac etiam motu proprio, et ex certa scientia, ac matura deliberatione nostris, deque Apostolicae potestatis plenitudine damnanda, et prohibenda esse statuimus, et decrevimus, prout praesenti nostra perpetuo valitura Constitutione damnamus, et prohibemus.

§ 3. Quo circa omnibus, et singulis Christifidelibus cuiuscumque status, gradus, conditionis, ordinis, dignitatis, et praeeminentiae, sive laicis, vel Clericis tam Saecularibus quam Regularibus, etiam specifica, et individua mentione, et expressione dignis districte, et in virtute sanctae obedientiae praecipimus, ne quis sub quovis praetextu, aut quaesito colore audeat, vel praesumat praedictas Societates, de liberi Muratori, seu Francs Massons, aut alias nuncupatas inire, vel propagare, confovere, ac in suis aedibus, seu Domibus, vel alibi receptare, atque occultare, iis adscribi, aggregari, aut interesse, vel potestatem, seu commoditatem facere, ut alicubi convocentur, iisdem aliquid ministrare, sive alias consilium, auxilium, vel favorem palam, aut in occulto, directe, vel indirecte per se, vel alios quoquo modo praestare, nec non alios hortari, inducere, provocare, aut suadere, ut huiusmodi Societatibus adscribantur, annumerentur, seu intersint, vel ipsas quomodolibet iuvent, ac foveant, sed omnino ab iisdem Societatibus, Coetibus, Conventibus, Collectionibus, Aggregationibus, seu Conventiculis prorsus abstinere se debeant, sub poena excommunicationis per omnes, ut supra contrafacientes ipso facto absque ulla declaratione incurrenda, a qua nemo per quemquam nisi per nos, seu Romanum Pontificem pro tempore existentem, praeterquam in articulo mortis constitutus, absolutionis beneficium valeat obtinere.

§ 4. Volumus insuper, et mandamus, ut tam Episcopi, et Praelati Superiores, aliique locorum Ordinarii, quam haereticae pravitatis ubique locorum deputati Inquisitores adversus transgressores cuiuscumque sint status, gradus, conditionis, ordinis, dignitatis, vel praeeminentiae, procedant, et inquirant, eosque tanquam de haeresi vehementer suspectos condignis poenis puniant, atque coerceant; iis enim, et eorum cuilibet contra eosdem transgressores procedendi, et inquirendi, ac condignis poenis coercendi, et puniendi, invocato etiam ad hoc, si opus fuerit, brachii saeculaaris auxilio liberam facultatem tribuimus et impartimur

§ 5. Volumus autem ut earumdem praesentium transumptis, etiam impressis manu alicuius notarii publici subscriptis et sigillo personae in dignitate ecclesiastica constitutae munitis, eadem fides prorsus adhibeatur, quae ipsis originalibus litteris adhiberetur si forent exhibitae vel ostensae.

§ 6. Nulli ergo omnino hominum liceat hanc paginam nostrae declarationis, damnationis, mandati, prohibitionis et interdictionis infringere, vel ei ausu temerario contraire; si quis autem hoc attentare praesumpserit, indignationem omnipotentis Dei ac beatorum Petri et Pauli apostolorum eius se noverit incursurum.

Datum Romae, apud S. Mariam Maiorem,
anno incarnationis dominicae MDCCXXXVIII,
IV kalendas maii, pontificatus nostri anno VIII.

Índice